SIBEL SCHICK

HALLO, HÖRT MICH JEMAND?

W0048926

edition
assemblage

Sibel Schick kam 1985 in Antalya, Türkei, auf die Welt und wohnt seit 2009 in Deutschland. Sie arbeitet seit 2016 als freie Autorin, Journalistin und Social-Media-Redakteurin.

Sibel Schick
Hallo, hört mich jemand?
Rassismuskritische und feministische Kolumnen und Kommentare

1. Auflage 2020
ISBN 978-3-96042-092-7
© edition assemblage
info@edition-assemblage.de | www. edition-assemblage.de

Umschlag: Tabea Ćubelić
Satz: Hannah C. Rosenblatt | edition assemblage
Lektorat: Asal Dardan
Druck: Interpress | Printed in Hungary 2020

Eigentumsvorbehalt:
Dieses Buch bleibt Eigentum des Verlages, bis es der gefangenen Person direkt ausgehändigt wurde. Zur-Habe-Nahme ist keine Aushändigung im Sinne dieses Vorbehalts. Bei Nichtaushändigung ist es unter Mitteilung des Grundes zurückzusenden.

Die Deutsche Bibliothek verzeichnet diese Publikation in der Deutschen Nationalbibliografie; detaillierte bibliografische Daten sind im Internet über http://dnb.ddb.de abrufbar.

Hallo, hört mich jemand?

Sibel Schick

Inhalt

Vorwort 6

Hallo, wer gehört dazu?
Rassismus in Deutschland

Das Wahlrecht darf kein Privileg sein 15
Deutschland brennt 24
Das Problem heißt Rassismus 28
Positioniert euch 30
Meine Oma im Inklusionsparadies 33
Dabeisein ist nicht alles 35
Augen auf 38
Rennende Muslime? Gefährlich! 40
Verschlossen, verschluckt 42
Diskriminierung geschieht oft unabsichtlich 44

Hallo, wem gehört die Nacht?
Sexismus, sexistische und sexualisierte Gewalt

Lass uns joggen gehen! 48
Flirtfreiheit des Mannes 50
Hallo, hört mich jemand? 53
Die Namen sind nicht das Problem 57
Frauenmorde sind politisch – auch in Deutschland 59
Männer pauschalisieren 68
Geschminkter Hass 75
Männer sind Arschlöcher 78
Männer: Mischt euch ein! 80
Die Angst im System 84
„Mädels, lasst euch nicht vergewaltigen" 87
Das kleine Monster, das mich auffrisst 91

Hallo, wem gehört dieser Raum?
Virtuelle und mediale Gewalt in Deutschland

Keine Überwachung, sondern Schutz und Prävention 95

Meinungsfreiheit: Angst besorgter Bürger 99

Die Cyber-Männergrippe. 107

Hass unter fast jedem Tweet 111

Hallo, komme ich hier rein?
Klassismus

Luxus Klimaschutz? 116

Vor der Bank mit Barcode um den Hals 118

Der Volksfeind Nr. 1: Latte Macchiato 120

Hallo, wen interessiert's?
Ein offenes, peinliches Buch

Die Narbe. 125

Keine Modeerscheinung 128

Für immer verpeilt. 131

Heimweh, das Arschloch. 134

Eine Antwort auf Cigdem Toprak 137

Scham, Schmerz, Wände, Wurzeln 142

Vorwort

Die Mehrheit interessiert sich nicht für das, was Minderheiten zu erzählen haben, es ist lästig, es ist unbequem, es betrifft sie nicht. Deshalb müssen die Minderheiten in Deutschland so laut schreien, wie sie nur können, um überhaupt Gehör zu finden. Das Problem: sobald sie schreien, werden sie als aggressiv abgestempelt. Das diskreditiert sie natürlich und nullt den Inhalt ihres Schreis. Es geht dann nur noch um den Ton und nicht mehr darum, was gesagt wird. Deutsche nennen das „der Ton macht die Musik." Aber hätte die Mehrheitsgesellschaft von Anfang an zugehört, hätte niemand schreien müssen. Was wiederum als Ausrede genutzt wird, Menschen und ihre Positionen zu delegitimieren. Hauptsache, man kann immer weiter weghören.

Hass ist in Deutschland allgegenwärtig, aber nur Menschen aus der Mehrheitsgesellschaft dürfen hassen. Jene, die gehasst werden, weil sie beispielsweise von Rassismus betroffen oder transgeschlechtlich sind, müssen um das Überleben kämpfen, sich zu Expert*innen ausbilden, um ihre eigene Marginalisierung zu bekämpfen. Damit sie ihre Probleme sichtbar machen können, kämpfen sie um einen Platz in der deutschen Öffentlichkeit. Währenddessen werden Menschen aus der Mehrheitsgesellschaft für ihre durchschnittlichen Werke und halbgaren Thesen mit Geld und Ruhm beworfen. Das liegt nicht daran, dass Journalist*innen und Autor*innen der Mehrheitsgesellschaft inkompetent seien. Für sie ist mehr Platz und gleichzeitig wird von ihnen schlicht weniger erwartet. Sie werden schneller beachtet und bekommen mehr Anerkennung für weniger Arbeit. Daher müssen sie sich nicht so anstrengen wie eine Person, die einer Minderheit angehört.

Ich habe nicht immer geschrien. Meine Politisierung begann circa 2006, als ich ein PETA-Video von einer Pelzfarm sah. Ich wurde zuerst Vegetarierin, ein paar Jahre später eine überzeugte Veganerin. Eine, die sich allen anderen moralisch überlegen fühlt. Ich war unerträglich. Wenn jemand in meiner Umgebung etwas Tierisches aß, gab ich mir große Mühe, alles in meiner Macht zu tun, dass diese Person es nicht genießen würde. Ich war frustriert, dass ich nicht alles essen konnte, was ich essen wollte. Ich träumte vom Hühnerfleisch, aber ich konnte es nicht essen, weil ich sofort an meine Katze Wilma denken musste, die wirklich genauso aussah wie ein Huhn. Ich stellte mir vor, wie meine süße, unschuldige, flauschige Wilma an den Beinen aufgehängt wird und hilflos versucht, sich zu befreien, um gleich getötet, zerstückelt und verpackt zu werden. Wie kann man da denn noch Fleisch essen? Das hätte ich der Wilma niemals im Leben antun können. Deshalb hatte ich nur eine Option: es allen anderen genauso schwer machen, wie ich es selber hatte. Einerseits. Andererseits hatte ich gesehen und erfahren, was der Konsum von Fleisch oder anderen tierischen Produkten für die Tiere und die Umwelt bedeutet. Diese Erfahrung kann man nicht rückgängig machen, dachte ich. Ich lag richtig. Aber das schlechte Gewissen tief zu vergraben, ist Menschen immer möglich. Heute esse ich Fleisch.

Mein politisches Bewusstsein nahm also tatsächlich mit einem PETA-Video seinen Anfang, aber es war Deutschland, das mich radikalisierte. Mein Wissen und mein Verständnis in dem Bereich der Tierrechte konnte ich zuerst auf den Feminismus und später auf die Rassismuskritik anwenden. Das mag relativierend klingen. Bestimmte Machtverhältnisse zu verstehen hilft aber dabei, andere einzuordnen, auch wenn die Unterdrückungsmechanismen nicht gleich sind.

Bis 2014 wusste ich genau, was ich vom Leben wollte: ein kleines Café am Strand in Dalmatien. Ich kellnerte damals in Köln und irgendwann wollte ich meinen eigenen Laden eröffnen mit hausgemachten Leckereien und gutem Wein. Ich stellte mir vor, in einem kleinen alten Haus zu wohnen und im Erdgeschoss meinen Laden zu haben. Ich sah mich im Treppenhaus früh morgens, ich lief runter in meinen Laden, um zu backen. Es sollte ein Leben ohne große Sorge und Unsicherheit sein. Ich stellte mir vor, abends früh zu schließen und nach Feierabend meine Füße in den warmen Sand zu stecken. Ich hörte die Möwen, die über meinem Kopf herumflogen und schrien. Ich roch den salzigen Geruch des Meeres und fühlte die warme Brise in meinem Haar. Unter einem blauen Himmel, in der Hitze, die man selbst auf den Augenliedern spürt. Diese Bilder habe ich aus der Stadt, in der ich geboren und aufgewachsen bin.

Ich projizierte sie auf diesen Ort namens Dalmatien, den ich kaum kannte. Dalmatien sollte Antalya ersetzen. Irgendwie musste ich ja dem Heimweh, das ich in Deutschland empfand, entgegenwirken. Das war also mein Plan. Und dann fand mich der Feminismus.

Eine Freundin, die eine überzeugte Feministin ist, fragte mich, ob ich gemeinsam mit ihr eine antisexistische Plattform auf Türkisch für Menschen in der Türkei gründen möchte. Sie wohnte in Paris, ich in Köln. Ich sagte zuerst nein, weil ich mir das nicht zutraute. Sie hat mich ermutigt und überzeugt.

Nach einiger Zeit als Online-Aktivistin lernte ich, wie wirksam es sein kann, die Aufmerksamkeit in den sozialen Medien auf bestimmte Themen zu lenken. Ich lernte auch, dass man politischen Aktivismus genauso gut online wie offline machen kann, dass auch diese Art von Aktivismus eine Gesellschaft nachhaltig verändern kann.

Meinen ersten Text auf Deutsch schrieb ich im Jahr 2015, weil ich mich über den berüchtigten Text „Warum mich der Feminismus anekelt" von Ronja von Rönne aufregte. Ich setzte mich hin und schrieb ihr eine Antwort, ganz so als würde das Ronja von Rönne überhaupt interessieren. Und dann hatte ich diesen Text in meiner Hand, der überhaupt nicht lesbar war, weil meine Deutschkenntnisse einfach nicht ausreichten, um einen politischen Text auf Deutsch zu verfassen. Mein Ex und ich setzten uns dann zusammen und schrieben den Text erneut. Er musste mich nach jeder These, nach jedem Ausdruck fragen, weil er nicht verstand, was ich meinte. So schlecht war er geschrieben.

Als wir endlich fertig waren, kam das nächste Problem auf: ich wusste nicht, wohin damit. Bisher hatte ich noch nie für ein deutschsprachiges Medium geschrieben (für türkischsprachige auch kaum mehr als gebloggt, um ehrlich zu sein). Ich hatte auch keine Verbindungen, die mir dabei hätten helfen können, den Text irgendwo einzureichen. Also registrierte ich mich bei Blogspot. Wenn ich mich nicht falsch erinnere, generierte der Text ganze vier Klicks[1]. Einer davon war von Ronja von Rönne selbst, weil ich ihr den Link per Facebook sendete. Daraufhin schrieb sie mir u.a.:

---

1 Leider kann ich nicht nachschauen, weil ich den Account längst gelöscht habe.

„auch du als feministin profitierst ja letzten endes davon, wenn die debatte mal wieder laut im raum steht und sich jeder neu verorten muss bzw. nochmal darüber nachdenkt." [sic]

Durch mein Engagement als feministische Aktivistin auf der oben genannten türkischen Plattform erktolia.org, die sich gegen Sexismus und Diskriminierung von LGBTIQ+ stellt, lernte ich, wie man in den sozialen Netzwerken viele Menschen erreichen kann. Gleichzeitig wendete ich diese Erkenntnisse in Deutschland an und baute mir über Jahre hinweg meine eigene Reichweite auf Twitter auf. Ich ging auf politische Veranstaltungen, twitterte vor Ort, markierte Referent*innen in meinen Tweets, damit sie mich retweeten. Manchmal klappte es, oft wurde ich ignoriert. Ich ritt bei Hashtags zu politischen Themen mit und veröffentlichte Blogtexte auf meiner eigenen Website, die ich mir in der Zwischenzeit zugelegt hatte.

Einige Kolleginnen, mit denen ich für die antisexistische Plattform zusammenarbeitete, hatten bereits eine gewisse Reichweite. Ich fragte sie nach Tipps, ließ mir Ratschläge geben und setzte sie dann um, auch wenn ich sie manchmal falsch verstand. Als ich einen migrantischen Publizisten in Deutschland fragte, wo ich anfangen soll, wenn ich in deutschen Zeitungen Texte veröffentlichen möchte, sagte er mir, ich solle es zuerst bei kleinen linken Redaktionen probieren. Ich schrieb dann einer kleineren linken Zeitung und bot einen Text an, allerdings gleich dem Chefredakteur. Als er sich nicht zurückmeldete, was ja auch klar war, schrieb ich nochmal eine Mail. Wie dreist, oder? Ich hätte euch so gern gesagt, dass ich es heute natürlich geschickter machen würde, aber Geschicktheit zählt nicht gerade zu meinen Stärken. Am Ende geschah ein Wunder und er meldete sich zurück. Er wollte den Text tatsächlich haben. In dieser Zeitung hatte ich meine ersten beiden Veröffentlichungen. Dreistigkeit gewann. Der erste dieser Texte musste von einem Redakteur komplett neu geschrieben werden. Er tut mir bis heute leid.

Dass Dreistigkeit gewinnt, musste ich früh lernen. Ich war vielleicht zehn oder so und spielte mit meiner ungefähr gleichaltrigen Cousine in der Wohnung eines älteren Cousins. Ich habe halt viele Cousinen und Cousins. Als die Frau meines Cousins uns fragte, ob sie uns

Pizzen aufbacken solle, lehnte ich ab, obwohl ich Lust hatte. Meine Cousine sagte dreist ja und bekam eine Pizza. Ich durfte ihr dann beim Essen zugucken. Ab dann wusste ich: wenn du etwas haben möchtest, musst du es halt sagen.

Die Tweets und Blogartikel trugen 2016 endlich Früchte. Ich erhielt eine Nachricht von der taz-Redakteurin Fatma Aydemir, die ich bis dato nicht persönlich kannte, deren Arbeit ich aber sehr schätzte. Sie bot mir eine freie Mitarbeit bei der taz an. Ich konnte es nicht fassen, weil es einfach zu schön war, um wahr zu sein. Im selben Jahr veröffentlichte ich dort meinen ersten Text. Das war das erste Mal, dass ich für einen Artikel bezahlt wurde.

Als Aktivistin ist es so gut wie unmöglich, in der deutschen Medienlandschaft ernstgenommen zu werden. Das Wort „Aktivist*in" wird sogar ausgrenzend verwendet: „Wir sind doch keine Aktivisten – wir sind Journalisten!" sagen viele in den Redaktionen. Das soll bedeuten, dass Aktivist*innen nicht objektiv sein und dadurch nicht berichterstatten können, Journalist*innen hingegen schon. Das ist natürlich Unsinn. Kein Mensch kann objektiv sein.

Als Nicht-Muttersprachlerin ist es auch sehr schwierig, als Autorin Fuß zu fassen. Die Arbeit dauert einfach länger und dir wird die Fähigkeit, in deiner zweiten oder dritten Sprache Texte verfassen zu können, ständig abgesprochen. Aber es gibt auch wunderbare solidarische Menschen wie Fatma Aydemir und viele andere, die nicht nur reinkommen und hinter sich die Türe schließen, sondern diese aufhalten und anderen dabei helfen, auch reinzukommen.

In Deutschland ist es also nicht für alle gleich leicht (oder gleich schwer), Gehör zu finden. Es ist vor allem dann schwer, wenn du hier fremd bist, kein Netzwerk hast und Themen behandelst, die zwar ständig Teil deines Lebens sind, aber von der weißen Mehrheitsgesellschaft, die in den Medienhäusern überwiegend vertreten ist, als nebensächlich angesehen werden. Also ich dachte immer: ich muss ganz laut schreien. Ich muss unangenehm sein. Ich muss provozieren. Ich muss auffallen. Ich habe keine Wahl. Ich werde sonst nicht gehört. Weil sich niemand interessiert.

Mein erster Text auf Deutsch ist jetzt also sechs Jahre alt. Seitdem habe ich nicht mehr aufgehört zu schreiben (und zu schreien).

Manche meiner Texte waren nicht gut genug, veröffentlicht zu werden und wurden abgelehnt, andere wurden veröffentlicht. Nicht alle haben es in dieses Buch geschafft.

Im Laufe der Zeit habe ich meinen Plan, nach Dalmatien zu ziehen, um dort meinen eigenen Laden aufzumachen, fast schon vergessen. Heute ist dieser Plan nichts Weiteres als eine diffuse Erinnerung.

***

In „Hallo, hört mich jemand?" findet ihr Kolumnen und Kommentare, die bisher bereits veröffentlicht worden sind, mit einer Ausnahme („Für immer verpeilt" wurde nicht veröffentlicht, sondern für eine Bewerbung geschrieben.) Außerdem habe ich drei Folgen von meinem Podcast „Scharf mit alles" mit aufgenommen. Alle Texte habe ich für dieses Buch überarbeitet, mal hier einen Kontext hinzugefügt, mal da einen neuentdeckten Grammatikfehler korrigiert. Die Texte in diesem Buch sind teilweise über tagesaktuelle Themen, die bei der Veröffentlichung des Buches nicht mehr so aktuell sein dürften. Andere sind sehr persönlich und autobiografisch. Manche sind selbstironisch, manche wütend, manche sind moderater, andere wollen nur pöbeln. Alle sind direkt. Alle sind ehrlich.

Ich nutze ein Gendersternchen. Weil Geschlechter über Mann und Frau hinausgehen. Wo das nicht möglich ist, versuche ich durchzukommen, indem ich geschlechtsneutrale Begriffe verwende.

Ich habe versucht, die Texte thematisch klar zu trennen und zu sortieren, aber es gelang mir nicht. Themen, die ich in meinen Texten behandele, also Rassismus, Sexismus, Klassismus und virtuelle Gewalt, greifen in der Regel ineinander und sind daher nicht immer gut zu trennen. Oft erwähne und problematisiere ich mehrere Aspekte gleichzeitig. Ich entschied mich trotzdem, sie in getrennten Kapiteln unterzuordnen.

In diesem Buch findet ihr fünf Kapitel. Als erstes sind Texte über Rassismus in Deutschland dran, im zweiten findet ihr welche, die sich mit Sexismus beschäftigen. Diese werden gefolgt vom dritten Kapitel über virtuelle und mediale Gewalt, und dem vierten Kapitel über Klassismus. Im fünften und letzten Kapitel sind persönliche Texte über Sprache, Heimat und mein Leben zu lesen.

***

Mein taz-Artikel „Hallo, hört mich jemand?" gab diesem Buch seinen Titel. Und dem Artikel gab der taz-Redakteur Peter Weissenburger die Überschrift. An dieser Stelle also: Danke, Peter! Außerdem bedanke ich mich bei dem Verlag edition assemblage für diese Veröffentlichung, meiner lieben Freundin Tabea Ćubelić für die hervorragende Covergestaltung, meiner Freundin Fatma Aydemir, weil alles mit ihr begann, meiner guten Freundin Asal Dardan für die Ankündigungstexte und das Lektorat, meinem Freund Ingmar für seine Solidarität. Dieses Buch ist unser gemeinsames Produkt.

Hallo, wer gehört dazu?

Rassismus in Deutschland

Das Wahlrecht darf kein Privileg sein

06.03.2020, was wäre wenn-Magazin

„Erst als ich nach Italien zog, verstand ich, dass ich Deutsche bin" sagte mir jemand einst. Gemeint waren die Erfahrungen, die man als Fremde macht, wenn man in ein anderes Land zieht. Aber Migration ist nicht gleich Migration. Nicht alle Gruppen haben dieselben Probleme und Bedürfnisse. Die Erfahrungen können sich drastisch unterscheiden. Allerdings lässt sich mit genügend politischen Maßnahmen überall in der Welt gut leben.

Bei politischen Maßnahmen in Deutschland, die dafür sorgen sollten, dass es allen – auch Zugewanderten und ihren Nachkommen – gut geht, ist noch Luft nach oben. In einer postmigrantischen Demokratie wäre die Migration ein natürlicher Teil des Lebens, in dem alle mit ihren unterschiedlichen Bedürfnissen zusammenleben können. Die Realität ist anders. Deutsche, die seit drei Generationen hier leben, werden bis heute migrantisiert und aus dem Deutschsein ausgeschlossen. Grundlegende Rechte wie der Schutz vor Ausschlüssen, Diskriminierung und Gewalt werden bei Minderheiten oft zum Luxusproblem erklärt. Die Bestrebungen nach Gleichberechtigung kommen zu langsam voran, weil diese in der Regel von Betroffenen ausgehen, die es immer noch schwer haben, Gehör zu finden, obwohl Migration längst zur gesellschaftlichen Realität gehört. Deutschland wird nicht nur durch Migration geprägt, sondern profitiert auch von ihr. Ausländische Arbeitskräfte waren massiv daran beteiligt, dass das Land nach dem Zweiten Weltkrieg wiederaufgebaut wurde und sich zu einer Wohlstandsgesellschaft entwickelte. Dennoch ist es so, dass bei allen denkbaren Anlässen von Menschen mit Zuwanderungsgeschichte Dankbarkeit erwartet wird.

Dieselbe Mehrheitsgesellschaft, die für das bloße Existenzrecht der Minderheiten Dankbarkeit erwartet, ist nicht in der Lage, selber Dankbarkeit zu zeigen, wenn sie durch die Arbeit der Minderheiten[2]

---

2 https://www.spiegel.de/kultur/literatur/eure-heimat-ist-unser-alptraum-vorabdruck-das-ende-des-german-dream-a-1253290.html (abgerufen am 10.04.2020)

reich wurde, weil sich diese jahrelang kaputtschufteten.[3] Nicht dass der Wert eines Menschen davon abhängig wäre, wie viel er leistet – das ist er nicht. Hier geht es nur um einen Doppelstandard.

In der BRD wie auch der DDR war man zwar auf ausländische Arbeiter*innen angewiesen, dennoch war Deutschland für diese Menschen nie ein Ort, der sie willkommen geheißen hat. Ihre Arbeit wurde ihnen nicht gedankt, sie selbst waren kaum mehr als lästig. Es gab kaum bis gar keine politischen Maßnahmen, die Arbeiter*innen vor rassistischen Übergriffen zu schützen oder sie als gleichberechtigter Teil der Bevölkerung aufzunehmen.

Sowohl die sogenannten Gast- als auch die Vertragsarbeiter*innen wohnten in Stadtteilen, Nachbarschaften und gar Wohnheimen, die eigens für sie bestimmt waren. Entweder war der Kontakt zu der Mehrheitsbevölkerung strikt verboten (wie in der DDR), oder sie waren durch ihren Wohnort oder die Natur ihrer Arbeit isoliert.

Von den sogenannten Vertragsarbeiter*innen der DDR hielten sich nicht alle an die Verbote und die strikten Regeln, und gingen trotz Sperrstunde abends aus dem Wohnheim. Allerdings bedeutete dies für sie Lebensgefahr. In den 40 Jahren SED-Diktatur wurden 8.600 rechtsradikale bzw. antisemitische und rassistische Übergriffe dokumentiert. Mindestens 12 Vertragsarbeiter*innen wurden in diesen Angriffen getötet. Der Historiker Harry Waibel zählt[4] zwischen 1970 und 1990 insgesamt 40 rassistische Angriffe auf Wohnheime.

Die Wende ist gerade 30 Jahre her, die ersten Integrationskurse gibt es erst seit 16 Jahren. Die Erfahrungen der sogenannten Gast- und Vertragsarbeiter*innen und ihren Nachkommen mögen sich unterscheiden, allerdings haben ihre heutigen Probleme in einem Punkt einen ähnlichen Ursprung: Sie wurden jahrelang gezwungen, unter sich zu bleiben.[5] Jede Generation, die in Deutschland in

---

3 https://ze.tt/vertragsarbeiterinnen-in-der-ddr-heute-koennen-sie-keine-kinder-mehr-kriegen-weil-sie-kaputt-sind/ (abgerufen am 10.04.2020)

4 http://journals.sfu.ca/jed/index.php/jex/article/download/126/148 (abgerufen am 10.04.2020)

5 https://www.zeit.de/zeit-geschichte/2015/04/ddr-propaganda-auslaender-einwanderer/komplettansicht (abgerufen am 10.04.2020)

die Schule ging, brach diese Isolation ein wenig, allerdings nur in einem gewissen Rahmen und nur durch eigene Bemühungen. Schüler*innen in deutschen Schulen sind bis heute überwiegend nach Herkunft segregiert.[6] Minderheiten wohnen in deutschen Städten bis heute überwiegend in politisch vernachlässigten Stadtteilen unter sich und Menschen aus der Mehrheitsgesellschaft schicken ihre Kinder lieber in Schulen mit niedrigem Anteil an Migrant*innen.

Wir diskutieren über eine Parallelgesellschaft, bei der man an eine Art Unterwelt mit eigenen Gesetzen und Regeln denken muss, wie in einem dystopischen Sci-Fi-Film. Wir führen gewagte Diskussionen über eine angeblich gescheiterte Integration jener Gruppen, die doch gerade nicht integriert werden sollten oder durften. Diese Diskussionen über Integration sind gewagt, weil jene, die sich darüber beschweren, teilweise diejenigen sind, die für das Problem an erster Stelle verantwortlich sind. Gewagt, weil in dieser Diskussion die Ursache der angeblich gescheiterten Integration ausbleibt, nicht erwähnt wird, und betroffene Menschen selbst für die Missstände, unter denen sie leiden, verantwortlich gemacht werden.

In Deutschland leben circa 10 Millionen[7] Menschen mit einer ausländischen Staatsbürgerschaft. Das macht ungefähr ein Achtel der gesamten Gesellschaft aus. Davon haben 4,7 Millionen[8] die Staatsbürgerschaft eines EU-Staates und 5,3 Millionen sind Bürger*innen eines sogenannten Drittstaates (außerhalb der EU).

Nach dem Vertrag von Maastricht (1992) haben die Staatsbürger*innen der EU-Länder ein EU-weites Wahlrecht auf kommunaler Ebene. Das heißt sie dürfen in Deutschland an den Kommunalwahlen teilnehmen, solange sie ihren Hauptwohnsitz in Deutschland haben. Allerdings gilt dieses Wahlrecht nicht für die Bundestagswahlen.

---

6 https://www.stiftung-mercator.de/media/downloads/3_Publikationen/SVR_Studie_Bildungssegregation_Juli_2013.pdf (abgerufen am 10.04.2020)

7 https://mediendienst-integration.de/migration/bevoelkerung.html#c38 (abgerufen am 10.04.2020)

8 https://www.destatis.de/DE/Themen/Gesellschaft-Umwelt/Bevoelkerung/Migration-Integration/Publikationen/Downloads-Migration/auslaend-bevoelkerung-2010200187004.pdf?__blob=publicationFile#page=27 (abgerufen am 10.04.2020)

Die restlichen 5,3 Millionen Menschen aus Drittstaaten werden von demokratischen Verfahren komplett ausgeschlossen, unabhängig davon, ob sie ihren Lebensmittelpunkt in Deutschland haben, ihre Steuern zahlen, ihre Kinder hier die Schule besuchen und wie lange sie schon hier leben. Sie haben kein Recht, das System, von dem sie betroffen sind, mitzugestalten. So wird ein Recht plötzlich zum Privileg.

Bei der Bundestagswahl 2017 wählten knapp sechs Millionen Deutsche die AfD. In einem Deutschland, in dem eine in Teilen rechtsradikale Partei im Bundestag und allen Landtagen vertreten ist und ihre Ergebnisse bei fast jeder Wahl verbessert, vermittelt der Ausschluss jener Menschen, die von der Politik ebenjener Partei betroffen sind, eine klare Botschaft: Ihr seid egal. Ihr seid nicht Teil dieser Gesellschaft.

Die Wähler*innen einer Partei, die menschenfeindliche Positionen vertritt, die die Nazizeit auf einen Vogelschiss reduziert und ebenjene Zugewanderte als Gesindel bezeichnet, die also in Teilen ganz klar faschistisch ist, werden als „besorgte Bürger" und „Protestwähler" verharmlost. Die Tatsache, dass AfD-Wähler*innen ihre Macht bewusst dafür einsetzen, eine undemokratische Partei zu wählen und damit anderen, insbesondere Minderheiten, Schaden zufügen, wird in dieser Diskussion nicht berücksichtigt. Ihre undemokratischen Interessen werden vor derer gestellt, die kein Wahlrecht haben und deren Treue zu europäischen Werten immer wieder infrage gestellt wird. Dadurch wird deutlich, dass es eben nicht um irgendwelche Werte geht, sondern vor allem um Herkunft. Nur diejenigen dürfen bestimmen, die nach Blut und Boden zu Europa gehören: Bei Menschen ohne Zuwanderungsgeschichte wird es als Recht per Geburt eingesehen, eine undemokratische Partei mit den Mitteln der Demokratie zu legitimieren.

Was ist schon Integration, wenn nicht die Ermöglichung der Teilhabe? Und wenn diese Integration gescheitert sein soll, was können die Betroffene dafür, außer zu versuchen auf die Missstände hinzuweisen? Wem keine Teilhabe ermöglicht wird, kann nicht mitgestalten. Wer nicht mitgestalten darf, kann für sich keine Teilhabe ermöglichen. Es ist ein Teufelskreis.

Man könnte jetzt denken, dass man sich ohne Wahlrecht auch

anderweitig einbringen kann. Zum Beispiel bei einem lokalen Verein. Allerdings kämpfen viele gemeinnützige Vereine, Verbände, Organisationen und Projekte ums Überleben. 2019 wurden Organisationen wie *Attac*, *Campact* und der Vereinigung der Verfolgten des Naziregimes-Bund der Antifaschistinnen und Antifaschisten die Gemeinnützigkeit entzogen. Für betroffene bedeutet das vor allem eine finanzielle Katastrophe, die sich bis hin zur Insolvenz strecken kann. Aber auch, dass sie zum Beispiel kein Mitglied von Dach- und Fachverbänden mehr werden dürfen und sich nur begrenzt organisieren können. So ist auch die politische Arbeit für Menschenrechte und Demokratie und gegen Menschenfeindlichkeit in Deutschland voller Hürden.

Seit Anfang des Jahres werden bundesweit zwei Dritteln der bis 2019 geförderten Demokratisierungsprojekte nicht mehr finanziert. Es geht um ca. 200 Projekte, die sich beispielsweise gegen Rassismus, Antisemitismus, Antiziganismus, Transfeindlichkeit, Homofeindlichkeit und andere Formen der Menschenfeindlichkeit einsetzen. In vielen dieser Strukturen arbeiten auch Menschen, die selber betroffen sind, und sich teilweise gegen ihre eigene Marginalisierung wehren. Beruflich. Teilweise Vollzeit. Sie studieren, bilden sich zu Expert*innen aus und kämpfen. Während Menschen, die nicht marginalisiert sind, ihren Neigungen und Wünschen entsprechend einen Berufsweg wählen können, gehen viele Betroffene einen teils schmerzhaften, kräftezerrenden Weg für eine Gesellschaft, in der alle gleichberechtigt sein sollen – nicht nur theoretisch, sondern auch in Wirklichkeit. Viele dieser Menschen stehen jetzt seit Anfang des Jahres ohne Arbeit da, weil die Strukturen, in denen sie tätig waren, nicht mehr gefördert werden.

Die Arbeit gegen Menschenfeindlichkeit in Deutschland ist eine Frage des Überlebens. Es ist kein Hobby.

Der Ausschluss aus politischer Teilhabe ist die eine Seite der aktuellen Lage. Der Hass, der den Menschen, die sich einen Weg in die Strukturen erkämpfen, entgegenschlägt, eine andere. Sener Sahin aus dem bayrischen Wallerstein sah sich sogar genötigt, seine Kandidatur für die CSU als Bürgermeister zurückzuziehen, weil ihm als Muslim die nötige Unterstützung verwehrt wurde.

Der Ausschluss funktioniert allerdings auch nach der Ankunft in den Strukturen. Als Belit Onay 2019 zum ersten Oberbürgermeister einer deutschen Großstadt mit einer Migrationsgeschichte gewählt wurde, wurde er über die sozialen Netzwerke mit einer rassistischen Hasswelle konfrontiert. In einem Interview mit *Der Spiegel*[9] sagte Onay, dass es Menschen mit Migrationsgeschichte schwerfalle, in deutschen Parteien Fuß zu fassen, weil ihnen die Netzwerke fehlen, die sie innerhalb der Parteien benötigen. Menschen ohne Zuwanderungsgeschichte würden oft über ihre Familie in diesen Netzwerken landen. Zudem fehle es an Interesse, weil es kaum Vorbilder in der deutschen Politik gebe. Dass die Repräsentation eine entscheidende Rolle bei der Berufsentscheidung spielt, ist bereits im Zusammenhang mit der Frauenquote ausgiebig diskutiert und belegt worden.

Es geht aber um mehr als Quoten: Am 15. Januar gab es Schüsse auf das Bürgerbüro des Bundestagsabgeordneten Karamba Diaby in Halle. Der in Senegal geborene Politiker zog 1986 nach Deutschland und schaffte es trotz aller Hürden in den Bundestag. Im Gespräch mit *Zeit Online*[10] erklärte er die vermehrten Angriffe auf Politiker*innen und Einschüchterungsversuche der Minderheiten und Andersdenkenden damit, dass innerhalb der letzten zwei Jahre die Aggression zunehme – nicht nur im Netz, sondern auch in der Politik: „In den Debatten werden Abneigungen deutlicher zum Ausdruck gebracht als früher, etwa gegen Minderheiten. Und das kann dann dazu führen, dass der ein oder andere Mensch, der vielleicht isoliert lebt und Zugang zu Waffen hat, zur Tat schreitet."

Wer also im Bundestag oder den Landtagen sitzt und was dort gesagt wird, hat einen direkten Einfluss darauf, was auf der Straße passiert.

Als 2018 das Hashtag #MeTwo ins Laufen gebracht wurde, haben viele betroffene Menschen von traumatischen Rassismuserfahrungen in der Schule durch Lehrkräfte berichtet. Dass rassistische Diskriminierung in deutschen Schulen systematisch ist, belegt eine

---

9 https://www.spiegel.de/politik/deutschland/hannover-oberbuergermeister-belit-onay-im-interview-es-gab-eine-riesenangst-a-1296125.html (abgerufen am 10.04.2020)

10 https://www.zeit.de/gesellschaft/zeitgeschehen/2020-01/karamba-diaby-angriffe-halle-spd-politiker-buero (abgerufen am 10.04.2020)

Studie[11] der Universität Mannheim: Kinder mit anders klingenden Namen werden bei gleichen Leistungen schlechter bewertet. Während jede*r dritte Schüler*in einen sogenannten Migrationshintergrund hat, beträgt der Anteil der Lehrpersonen mit Migrationshintergrund lediglich acht Prozent[12] . Kinder, die Rassismuserfahrungen machen, erhalten auch weniger Gymnasialempfehlung und haben später geringere Chancen auf einen akademischen Abschluss. Die logische Schlussfolgerung: Diese werden u.a. von dem Beruf als Lehrkraft ausgeschlossen – ein weiterer Teufelskreis. Der Karriereweg als Lehrkraft ist keine Ausnahme. Menschen, die von Rassismus betroffen sind, werden auch in anderen Berufswegen mit Ausschlüssen konfrontiert. So wüssten zum Beispiel Jugendliche mit Migrationshintergrund wenig über die Ausbildungsmöglichkeiten und deren Bedingungen im öffentlichen Dienst, berichtete Annemie Burkhardt, ehemalige Geschäftsführerin des Berliner Qualifizierungszentrum für Migrantinnen und Migranten, im Gespräch[13] mit der Heinrich-Böll-Stiftung 2014. Laut einer Studie[14] des Bonner Instituts zur Zukunft der Arbeit von 2016 müssen Frauen mit Kopftuch vier Mal mehr Bewerbungen schicken, bis sie zum Bewerbungsgespräch eingeladen werden. Zudem erhöht sich die Diskriminierung, je höher die Position ist: So müsse die Bewerberin mit Kopftuch für eine Stelle in der Bilanzbuchhaltung 7,6 Mal so viele Bewerbungen verschicken als etwa Sandra Bauer, für eine Stelle als Sekretärin müsse sie nur 3,5 Mal mehr Bewerbungen schreiben. Je größer die Karrierewünsche, desto größer die Diskriminierung.

Viele der zivilgesellschaftlichen Strukturen, die sich gegen Ausschlüsse

11 https://www.uni-mannheim.de/newsroom/presse/pressemitteilungen/2018/juli/max-versus-murat-schlechtere-noten-im-diktat-fuer-grundschulkinder-mit-tuerkischem-hintergrund/ (abgerufen am 10.04.2020)

12 https://mediendienst-integration.de/artikel/vielfalt-ist-eine-aufgabe-fuer-alle.html (abgerufen am 10.04.2020)

13 https://heimatkunde.boell.de/de/2012/07/18/zwischen-interkultureller-oeffnung-und-institutioneller-diskriminierung (abgerufen am 10.04.2020)

14 https://www.zeit.de/gesellschaft/zeitgeschehen/2016-09/arbeitsmarkt-kopftuch-musliminnen-bewerbung-diskriminierung-studie (abgerufen am 10.04.2020)

von Minderheiten einsetzen, bemühen sich aufgrund der oben geschilderten Missstände u.a. für interkulturelle Öffnung deutscher Institutionen. Nur wenn die diskriminierenden Strukturen hinterfragt und offengelegt werden, können sie auf Dauer abgeschafft werden. Der Rassismus, der zum Ausschluss aus den Institutionen führt, ist nämlich derselbe Rassismus, der in Form von körperlicher Gewalt bis hin zu Waffengewalt vorkommen kann: Von brennenden Unterkünften für geflüchtete Menschen bis hin zu den NSU-Morden und dem Umgang damit. Die strukturelle Diskriminierung wirkt wie ein Katalysator, wenn es darum geht, Gewalt auf Minderheiten zu legitimieren.

Während es für viele selbstverständlich ist, die Polizei zu rufen, wenn sie Unrecht erfahren, gibt es zum Beispiel die Anwältin Seda Başay-Yıldız, die die NSU-Opfer bzw. ihre Angehörigen vertritt, und Morddrohungen erhält, die als „NSU 2.0" unterschrieben und von einer Frankfurter Polizeiwache herausgeschickt werden. Die Kontinuität des rassistischen Mordens, sei es der Fall von Oury Jalloh, die NSU-Morde oder der rechtsterroristische Anschlag in Hanau, schüchtert Menschen nicht nur ein, sondern schlägt auch kollektive Wunden. Solange keine vollständige Aufklärung folgt, werden Traumata von Generation zur Generation weitergegeben.

Bisher hat sich die Mehrheitsgesellschaft nicht ausreichend für ihr Schicksal interessiert, das hat sie über die vergangenen Jahre mehrfach bewiesen. Es ist zu wenig bis nichts passiert. Das muss sich ändern.

20 Millionen Menschen mit Zuwanderungsgeschichte leben zurzeit in Deutschland, nur die Hälfte hat die deutsche Staatsbürgerschaft und somit das Wahlrecht. Hierbei geht es um die politischen Interessen von mehr als drei Mal so vielen Menschen, die bei der Bundestagswahl 2017[15] die AfD wählten. Was wäre, wenn Menschen ohne deutsche Staatsbürgerschaft wählen dürften?

Wenn sich die Mehrheit nicht fürs Schicksal der Minderheiten interessiert, so müssen diese ihr Schicksal selbst in die Hand nehmen können. Denn diskriminieren und gleichzeitig alle Wege nach

---

15 http://www.bpb.de/nachschlagen/zahlen-und-fakten/bundestagswahlen/ (abgerufen am 10.04.2020)

Außen sperren, sodass sie sich nicht befreien können – so geht's nicht. Alle, die seit mehreren Jahren in Deutschland leben und ihren Lebensmittelpunkt in Deutschland haben, verdienen das Wahlrecht und müssen wählen dürfen. Und zwar nicht nur auf kommunaler Ebene, sondern auch bei den Landes- und Bundestagswahlen.

Was wäre, wenn die Demokratie so gestaltet worden wäre, dass alle von ihr profitieren könnten? Was wäre, wenn die repräsentative Demokratie auch wirklich so gestaltet wäre, dass nicht nur manche repräsentiert werden, sondern alle? Es wäre nicht nur der frische Wind, den Deutschland so bitter nötig hat. Es wäre höchste Zeit.

Deutschland brennt

25.02.2020, Missy Magazine

Wir sind nun an einem Punkt angelangt, an dem Worte nichts mehr bedeuten.

Ein Mann, dessen Namen ich bewusst nicht erwähnen werde, tötete am 19. Februar in Hanau zehn Menschen. Neun davon nahm er aus rassistischen Motiven das Leben.

Als die Eilmeldung zu Hanau eintraf, suchte ich in den Nachrichten nach einem Hinweis zum Täter. Ein Angriff auf Shisha-Bars, in Deutschland stigmatisierte Orte, beunruhigte mich. Bekanntermaßen stehen Hinweise zum Äußeren oder der vermeintlichen Herkunft der Täter*innen in Presse- und Polizeimeldungen nur, wenn diese nicht weiß sind – à la „südländischen" oder „nordafrikanischen Typs". Als ich keine Hinweise fand, war klar: Es kann nicht ausgeschlossen werden, dass es sich um einen rechtsextremen Angriff handelt. Weitere Nachrichten bestätigten dies.

Der mutmaßliche Täter war ein Rassist mit Erlaubnis zum Waffenbesitz, weil er Mitglied in einem Schützenverein war. Wie konnte es so weit kommen, fragt sich die deutsche Öffentlichkeit. Eine der Antworten ist: Rassistische Äußerungen von weißen Deutschen bleiben in der Regel ohne Konsequenzen. Der Mann, der im Juli 2019 in Wächtersbach einen jungen Mann aus Eritrea anschoss, hatte seinen Plan beispielsweise offen und groß angekündigt. Das interessierte nur absolut keinen und niemand informierte die Polizei. Er konnte seinen Plan ungestört umsetzen.

„Das war die Tat eines psychisch Kranken! Er war verwirrt, hatte Wahnvorstellungen!", sagt die deutsche Öffentlichkeit und atmet auf. Sie ist erleichtert, denn sobald Rassismus zur Krankheit erklärt wird, kann man sich zum einen sauber davon distanzieren, zum anderen hat man eine einfache Lösung gefunden, ohne sich anzustrengen. Doch so einfach ist es nicht. Rassismus in Deutschland ist ein gesamtgesellschaftliches Problem und keine psychische Erkrankung.

Vor einer Weile traf ich mich mit Freundinnen in einer Bar. In unserem Gespräch ging es irgendwann um Shisha-Bars und eine der

Freundinnen bezeichnete diese wiederholt als „Fotzenbars". Dieses Wort verletzte mich sehr, denn damit hat sie Shisha-Bar-Besucherinnen gleichzeitig rassistisch und misogyn abgewertet. Jede Freund*innenschaft, die Menschen, die von Rassismus betroffen sind, mit weißen Menschen schließen, ist ein Risiko, Diskriminierungserfahrungen zu machen oder zumindest verletzt zu werden. Seitdem kam mir jeden Tag dieses Wort in den Sinn und schmerzte. Aber nach dem Anschlag in Hanau verwandelte sich mein Schmerz in Wut.

Hanau stellt Deutschland vor eine Prüfung und zwar nicht aufgrund der Dimension dieses Horrors, sondern auch, weil es so kurz vor Karneval passiert ist. Bereits kurz darauf kamen die ersten Karnevalsbilder an, auf Social Media und in Chatgruppen. Ganze deutsche Städte feierten so, als sei nichts passiert. Als hätte nicht gerade erst ein Nazi aus der Mitte der Mehrheitsgesellschaft neun Menschen ermordet. Als würden die alltägliche Abwertung und das Stigma von Shisha-Bars nicht damit zusammenhängen, dass diese zur Bühne von Bluttaten gemacht wurden.

Markus Söder sagte zwar seinen Faschingsempfang ab und die Stadt München folgte mit Absagen zu großen Karnevalssitzungen. Unter den Meldungen darüber regten sich jedoch viele auf: Eine Schweigeminute hätte gereicht, hieß es da unter anderem. Die Stadt München kündigte daraufhin an, dass die Feierlichkeiten doch noch stattfinden. Köln und Düsseldorf verkündeten, dass es in den Umzügen „Hanau-Wagen" geben werde. Deutsche lassen sich ihren Karneval nicht nehmen, egal, wie viele eben erst durch einen rechtsterroristischen Anschlag ermordet worden sind. Angehörige der Opfer müssen sich mit Karnevalswagen und Clowns oben drauf zufriedengeben.

Auch in Hamburg reichte eine Schweigeminute aus. Am Freitag, also eine Woche nach dem Anschlag, nahmen dort laut Polizeiangaben 20.000 Menschen an der Fridays-for-Future-Demonstration teil, zur Demo am Samstag in Hanau waren es nur 6.000. Natürlich beschäftigten sich die Redner*innen in Hamburg auch mit Hanau, allerdings nebenbei. Denn das ist ein rassistischer Anschlag in Deutschland: ein Nischenthema. Welch ein Zeichen wäre gesetzt worden, wenn die Hamburger FFF-Demo sich an die in Hanau angeschlossen hätte! Aber Priorität war offenbar zu zeigen, dass FFF anders als von Kommentator*innen behauptet doch nicht stirbt. Menschen, die betroffen sind, können sich allerdings ihre Prioritäten nicht aussuchen. Bei ihnen geht es ums dringende Überleben. Deutschland brennt. Die Bestandaufnahme der letzten zehn Monate zeichnet ein klares Bild: Ein Mann tötet Walter Lübcke, der Tatverdächtige ist ein bekannter Nazi. In Halle greift ein Rechtsextremer eine Synagoge an, tötet zwei Passant*innen. In Wächtersbach schießt ein Rassist einen jungen Mann aus Eritrea an. In Halle wird auf das Büro des Bundestagsabgeordneten Karamba Diaby geschossen. Ein rechtsextremes Netzwerk, das wohl plante, in zehn Bundesländern Moscheen anzugreifen, um dort Betende zu morden, wird aufgedeckt, zwölf Männer werden festgenommen. Ein Mann in Hanau erschießt zehn Menschen, neun davon aus rassistischen Motiven. Zwei mutmaßliche Brandanschläge in Döbeln – in Gebäuden, in denen sich eine Shisha-Bar und ein Döner-Imbiss befinden. Schüsse auf eine Shisha-Bar in Stuttgart. Die letzten beiden Vorfälle erst drei Tage nach Hanau. In diesem brennenden Deutschland sind also nicht alle gleichermaßen schutzlos. Deshalb ist es auch völliger Quatsch zu sagen, dass dies Angriffe „auf uns alle" seien.

Während deutsche Medien die Namen der Angehörigen von den Opfern und anderen Interviewten ständig verwechselten oder falsch schrieben und u. a. AfD-Politiker*innen dazu befragten, fielen relativierende Fragen wie, ob „Multikulti gescheitert" sei. Sigmar Gabriel fuhr in einem Tweet schamlos den Hufeisenkurs und setzte den Hanau-Anschlag mit brennenden Mülltonnen gleich. Kaum eine Kultur- oder Sportveranstaltung wurde abgesagt, die Normalität blieb ungestört. Das ist die Wertschätzung, die den Opfern, ihren Angehörigen und allen, die Angst um ihr Leben haben müssen, gezeigt wird: Betroffenen Menschen bleiben Schweigeminuten, Karnevalssitzungen, dreiste Fragen und entmenschlichende Thesen. Sie werden mit ihrer Wut und Angst alleine gelassen.

Bei einem Terroranschlag, der sich auf die weiße Mehrheitsgesellschaft gerichtet hätte, wäre die Reaktion womöglich anders ausgefallen. Die Opfer wären echte Menschen mit eigener Geschichte und Persönlichkeit, es wären Individuen. Man sollte keine Opfer gegen andere ausspielen, hier geht es um etwas anderes: der Schmerz wird unterschiedlich bewertet. Deshalb findet das Glücks-bärchen-Aktivismusvideo mit dem Schauspieler Lars Eidinger, in dem er in Bezug auf Hanau von Liebe spricht und dabei weint, mehr Resonanz als Videos von betroffenen Menschen, in denen sie konkret über rassistische Strukturen sprechen und Konsequenzen einfordern. Anschläge mit nicht weißen Opfern werden nicht als Katastrophen wahrgenommen, sie lösen keine flächendeckenden, konsequenten, substanziellen Reaktionen in der Mehrheitsgesellschaft aus. Selbst in so einer Situation wird betroffenen Gruppen kaum zugehört. Solidarität bleibt vereinzelt und nicht bedingungslos, sondern wird abhängig gemacht von dem Ausmaß der Wut der Person, die spricht. Kann sein, dass du gerade deinen Cousin verloren hast oder Angst um dein Leben hast, aber bloß nicht aggressiv darüber sprechen und von den Angehörigen der Mehrheitsgesellschaft klare Positionen einfordern. Wo würden wir denn sonst landen?

So wird die Botschaft eindeutig: „Euer Schicksal interessiert uns zwar ein bisschen, aber nicht sehr, nicht immer, nicht überall. Wir sehen ein, dass es schlimm ist, was in Hanau passiert ist, möchten aber keine Rücksicht nehmen, sondern einfach in Ruhe feiern. Und wenn das schlechte Gewissen ballert, waschen wir es mit Videos weinender weißer Schauspieler rein." Das macht Menschen, die ohnehin zur Zielscheibe gemacht werden, anfälliger für weitere Angriffe. Das bestätigen auch Döbeln und Stuttgart.

Die weiße Mehrheitsgesellschaft fühlt erst Betroffenheit, wenn sie selbst betroffen ist, wenn Weiße bewusst als Ziel gesetzt werden. Alles, was nicht weißen Menschen passiert, bleibt zunächst erst mal zweitrangig. Menschen mit Zuwanderungsgeschichte in Deutschland sind nicht überrascht über die letzten Ereignisse. Wenn die Mehrheitsgesellschaft überrascht ist, liegt das nur daran, dass sie bisher nicht zugehört und stattdessen konsequent weggeschaut hat.

Das Problem heißt Rassismus

27.07.2018, Missy Magazine

Mesut Özil hat sich mit einem Monster fotografieren lassen, darüber müssen wir uns nicht streiten. Aufgrund dieses Fotos von Özil ein Bekenntnis zu Deutschland zu fordern, liegt dennoch alleine an der Migrationsgeschichte seiner Familie und ist Rassismus in seiner reinsten Form. Vieles, was Recep Tayyip Erdoğan verkörpert, bleibt den Deutschen nicht erspart: Bei der Bundestagswahl 2017 haben über 20 Millionen Wahlberechtigte rechte und rechtsradikale Parteien gewählt. Deutsche können sich also nicht leisten, so zu tun, als sei ihr Land komplett frei von Menschen, die sich ein faschistisches System wünschen, als wäre das Land endgültig entnazifiziert. Während die AfD bei jeder Wahl ihre Ergebnisse verbessert, können Deutsche nicht so tun, als wäre Faschismus bloß Geschichte, als hätte Deutschland damit abgeschlossen. Und ohnehin, die Bundesregierung ist im Kuschelkurs mit Erdoğan und der AKP. Mit dem Flüchtlingsabkommen und dem Waffenhandel trägt sie aktiv zu Menschenrechtsverletzungen bei. Mit der öffentlichen Unterstützung wie Teezeremonien wird das Bild vermittelt, in der Türkei sei alles in Ordnung: Dass die Zivilgesellschaft zerstört ist, beinahe alle Regierungskritiker*innen und Oppositionspolitiker*innen im Knast sitzen und jährlich über 300 Frauenmorde stattfinden, ist für die Bundesregierung gut verträglich. Sie muss sich nicht rechtfertigen. Wenn es einen Hoffnungsschimmer gibt, dann ist es die Sichtbarkeit, die Menschen mit Rassismuserfahrungen dieser Tage erlangen. Seit Donnerstag teilen sie diese Erfahrungen in den sozialen Netzwerken unter dem Hashtag #MeTwo. Ein Blick auf die Tweets zeigt, dass Rassismus in Deutschland nicht nur ein fester Bestandteil des Alltags ist, sondern auch strukturell und institutionell stattfindet. Manchmal ist er offensichtlich, oft aber heimtückisch und subtil. Was Özils Rücktritt also ausgelöst hat, ist keine „Integrationsdiskussion", sondern eine Rassismusdiskussion. Deutschland hat kein Integrationsproblem, es hat ein Rassismusproblem. Sowohl der Begriff „Integration" als auch die deutsche Debatte um ihn herum sind rassistisch. Sie beruhen auf der Annahme, dass bestimmte Menschen so anders seien, dass sie sich anpassen müssten. Im Mai schrieb Lara Fritzsche fürs *SZ-Magazin*: „Es ist ein Paradoxon, dass die Frau mit Kopftuch erst da zum Problem wird, wo ihre Integration gelungen ist." Die Frau mit Kopftuch landet also wider Erwarten in der Mitte der Gesellschaft, die Hürden auf ihrem Weg aber werden auch hier auf ihre Kultur reduziert, anstatt dass die strukturellen und institutionellen Rassismuserfahrungen entfaltet werden. „Eine gelungene Integration" beinhaltet, dass gewisse Menschen es eh nicht schaffen würden, es sei denn, sie werden „angepasst".

Jemanden integrieren – es müsste heißen: Räume öffnen, Hürden zerstören, Chancen geben, Teilhabe ermöglichen. Was ich lernen musste, als ich 2009 nach Deutschland gezogen bin: erstens die Sprache, zweitens den Umgang mit der Tatsache, dass Deutsche nicht spontan sind, drittens, dass sie dich unter der Woche schon um 22 Uhr nach Hause schicken, weil sie am nächsten Tag arbeiten müssen. Mehr nicht. Integration war nicht mein Problem. Mein Problem sind eher die Rassismuserfahrungen, die ich mache, und der Stress, den mir der unsichere Status gibt. Ich muss mir aber trotzdem ständig anhören, wie gut integriert ich sei, und ich finde es sehr, sehr arrogant

Rassismus in Deutschland ist kein Mythos, er existiert und hat einen hohen Preis für viele Menschen. Wir sollten nicht darüber sprechen, inwiefern die anderen angepasst werden müssen, sondern darüber, dass Menschen bei der Jobsuche ausgeschlossen werden und wie wir das ändern können. Auch darüber, dass Menschen keine Wohnung bekommen, weil sie keinen „deutsch" klingenden Namen haben. Dringend müssen wir anfangen, darüber zu sprechen, dass Menschen auf der Straße angespuckt und körperlich angegriffen werden und Schutz- und Präventionsmaßnahmen entwickeln. Wir müssen Lösungen finden. Ob ein Mensch, der andere körperliche und äußere Merkmale hat, wie Hautfarbe oder Kopftuch, automatisch jemand ist, die*der verändert werden muss, und ob sie es verdienen, dass man sich mit ihnen solidarisiert? Darüber müssen wir nicht diskutieren.

Positioniert euch

04.09.2018, Missy Magazine

In Chemnitz kam letzte Woche der Rassismus zum Ausbruch: Neonazis sind auf die Straße gegangen, riefen rassistische Parolen, zeigten den Hitlergruß, jagten rassifizierte Menschen durch die Straßen und bedrohten diese mit dem Tod. Das heißt, sie sind willkürlich und grundlos auf Menschen losgegangen, die sie aufgrund ihres Aussehens für nicht-deutsch gehalten haben, als seien diese Krähen, die von der Saat weggescheucht werden müssen.

Der Auslöser des Neonaziaufmarsches ist der gewaltsame Mord an Daniel H. am vergangenen Sonntag. Ein Blick auf sein Facebook-Profil jedoch erweckt den Eindruck, dass sein Tod den Neonazis möglicherweise Freude bereitet hätte, wäre der Täter kein Migrant. Daniel H. war nämlich nicht weiß und er war ein Linker, der sich öffentlich gegen Pegida, AfD und Co geäußert hat. Offenbar kein Grund für die Neonazis, seinen Tod nicht als Anlass zu nehmen, um für rassistische Meinungsmache zu mobilisieren und Menschen körperlich anzugreifen. Und das alles konnten sie fast ungestört durchziehen.

Es wird gesagt, die sächsische Polizei sei überfordert gewesen. Der Begriff „Überforderung" gibt zu verstehen, dass die Polizei nicht über die Mittel verfüge, die Situation unter Kontrolle zu bringen und die von den Nazis angegriffenen Menschen zu schützen. Da aber die sächsische Polizei schon bei kleineren Demonstrationen, sobald diese von antifaschistischen Strukturen organisiert werden, teilweise mit mehreren Wasserwerfern, Hubschraubern und SEK Präsenz aufwarten kann (z.B. wie bei der Demo in Wurzen, die im August unter dem Motto „Keine Stimme den Faschos. Rechten Foren den Raum nehmen!" lief), ist die Schlussfolgerung unvermeidbar, dass sie nicht unbedingt überfordert sein müsste. Die Kapazitäten sind offenbar vorhanden, sobald linke Gruppen demonstrieren, bei Nazis ist die Polizei plötzlich überfordert.

Als Außenstehende müssen sich Menschen in aller Welt fragen, wie man den Hitlergruß in einem Land zeigen kann, das für den Holocaust verantwortlich ist. Jene, die auf den Straßen Menschen mit dem Tod drohen, sind teilweise die Enkelkinder der Nazis, die während des Nationalsozialismus Millionen von jüdischen Menschen und anderen Opfern systematisch ermordet oder deren Mord ermöglicht haben. Ein anderer Teil von diesen sitzt heute im Bundestag.

Deutschland hat offenbar nichts aus der Geschichte gelernt, würden viele denken. Ich denke aber, dass deutsche Faschist*innen ganz viel aus der Geschichte gelernt haben. Sie wissen, wie es geht. Sie wissen, wie der Nährboden für systematischen Mord bereitet werden kann, und zwar indem eine Gruppe von Menschen entmenschlicht wird. Und sie sind gut darin. Noch am Dienstag schrieb Karolin Schwarz in einem Bericht für „VICE", wie rasch sich eine Falschmeldung über einen zweiten Mord in Chemnitz verbreitet hat und dass diese Meldung nicht gelöscht wurde, auch nachdem klar war, dass es sich um eine Falschmeldung handelte.Die Falschmeldungen sind eben Falschmeldungen, der Umgang der öffentlich-rechtlichen sagt etwas mehr darüber, wie sich die Mitte der Gesellschaft den Rassismus in Deutschland vorstellt. Beispielsweise wurde die erste Sendung von „Hart aber fair", die nach den Ausschreitungen in Chemnitz gesendet wurde, mit der Frage „Gibt es wirklich die tägliche Ausgrenzung?" eröffnet. Zwei der vier Gäste, der SPD-Politiker Karlheinz Endruschart und die Autorin Tuba Sarica, haben während der gesamten Sendung versucht, den strukturellen und institutionellen Rassismus in Deutschland zu legitimieren und zu verharmlosen, indem sie immer wieder die Aufmerksamkeit auf den Rassismus innerhalb von Randgruppen lenkten. Ein klassischer Trick, um Rassismusdiskussionen zu blocken und das Problem unsichtbar zu halten

Vor laufenden Kameras wird der Hitlergruß gezeigt und man diskutiert darüber, ob es „diesen Rassismus denn wirklich gibt". Die Reaktion auf den Versuch, das Rassismusproblem Deutschlands sichtbar zu machen, ist, Augen rollen, seufzen und ein „nicht schon wieder" von sich zu geben. Der Ernst der Lage kann nicht offengelegt werden, weil man mit Deutschen nicht darüber reden kann, ohne dass sie „ja, aber die Linken randalieren" und „die Türkeistämmigen wählen die AKP und daher kann es in Deutschland keinen Rassismus geben" von sich geben. Ironisch ist, dass auch diese Reaktionen rassistisch sind, und Rassist*innen in Schutz nehmen.

Und all die, die schweigen, und die, die sich zwischen Nazis und von Rassismus betroffenen Menschen stellen und nach „Kompromissen" oder einem „Dialog" suchen, weil sie sich das noch leisten können, weil sie noch unantastbar sind, sollten eigentlich wissen, dass es nur eine einzige legitime Meinung zu Rassismus gibt und zwar ganz klar dagegen zu sein. Solange sie die Nazis und andere Vertreter*innen von menschenfeindlichen Gedanken als legitime Gesprächspartner*innen betrachten, mit diesen diskutieren, ihnen zuhören, vermitteln sie beiden Seiten, dass es Raum für Rassismus in dieser Gesellschaft gebe, dass er tolerierbar sei, weil sie ihm eben Raum geben und ihn tolerieren.

Deutschland hat sich nicht darum gekümmert, die Kinder und die Enkelkinder von Nazis zu integrieren und zu rehabilitieren und jetzt haben wir schon wieder Nazis am Hals, sie wachsen wie Pilze vor unserer Nase. Es ist verdammt viel zu tun. Zu Hause, auf der Straße, bei der Arbeit und nachts, wenn man den Kopf auf das Kissen legt, ist ganz viel zu tun. Noch ist aber Zeit. Überlegt euch also noch einmal und zwar ganz genau, wo ihr euch positionieren möchtet. Bevor es zu spät ist.

Meine Oma im Inklusionsparadies

03.09.2019, Missy Magazine

Auf seinem T-Shirt steht: „No borders, No nations". Wir essen Burger, es ist unser zweites Date. Wir unterhalten uns, alles ist super. Dann sagt er: „Du kannst so gut Deutsch! Es gibt Leute, die seit 40 Jahren hier leben und nicht so gut Deutsch sprechen wie du!" Eigentlich höre ich das oft, wenn ich sage, dass ich seit zehn Jahren in Deutschland wohne. Diesmal bin ich überrascht und es liegt an seinem T-Shirt. Er weiß es nicht, aber er redet von meiner Oma. Sie gehört zu jenen, die nicht gut Deutsch sprechen, obwohl sie lange hier leben. Zwischen ihrer Biografie und meiner liegen Welten. Meine Oma kam in Kurdistan auf die Welt und ging nie zur Schule, sie kann nicht lesen und schreiben. Sie kam in den 1970ern nach Deutschland und hatte gleichzeitig mehrere Putz- und Spüljobs. Es gab damals weder Deutsch- noch Alphabetisierungskurse, „diese Integrationskurse sind neu", sagt sie. Das stimmt, die wurden erst 2004 eingeführt. Sie erzählt, dass es Frauen unter den Gastarbeiter*innen besonders schwerfiel, Deutsch zu lernen: „Sie mussten sich noch um den Haushalt und die Kinder kümmern." Männer hatten es leichter. Ich wuchs bei meiner Mutter in der Türkei auf. Als ich nach Deutschland zog, hatte ich rote Haare, Piercings, war tätowiert. Viele sagten: „Du siehst nicht aus wie eine Türkin." Als Kurdin wusste ich nicht, was ich damit anfangen soll. Außerdem, wie sieht eine Türkin aus? Jedenfalls wurde ich offenbar nicht gleich als Ausländerin eingeordnet. Wenn Menschen es erfuhren, waren sie oft „positiv überrascht", das ermöglichte mir, mich selbstbewusst zu bewegen. Ich habe zwar nicht studiert, aber immerhin die Schule abgeschlossen. Auch ich musste kurz nach meiner Ankunft in Deutschland arbeiten und fand einen Job in einem Kiosk. Im Gegensatz zu meiner Oma konnte ich nebenbei einen Deutschkurs besuchen. Ich wohnte im hippen Köln-Ehrenfeld, meine Oma wohnte in einem Gastarbeiter*innenviertel. 2011 fing ich an zu kellnern und hatte nur noch mit deutschen Muttersprachler*innen zu tun. Meine Oma, die bis zu ihrer Migration nach Deutschland kein Türkisch sprach, lernte Türkisch von ihren türkischen Nachbarinnen.

Das Kompliment „es gibt Leute, die seit 40 Jahren hier leben und nicht so gut Deutsch sprechen wie du" funktioniert nur, weil im selben Atemzug die „Integrationsverweigerer" erwähnt werden. Ganz so als wäre Deutschland ein Inklusionsparadies und die faulen Kanax hätten nur kein Interesse teilzunehmen. Als ich beim Date von meiner Oma erzähle, sagt er: „Ich wusste nicht, dass es Analphabeten unter den Gastarbeitern gab." Der Duden beschreibt Parallelgesellschaft als „in einem Land neben der Gesellschaft der Mehrheit existierende Gesellschaft". Das ist falsch. Parallelgesellschaft ist der ständige Wechsel zwischen unangenehmer Sichtbarkeit und kompletter Unsichtbarkeit. Parallelgesellschaft heißt nicht nur, dass Minderheiten lieber untereinander bleiben, sondern auch, dass sich die Mehrheitsgesellschaft für sie und ihre Probleme nicht interessiert, egal, welche linken Sprüche auf ihren T-Shirts stehen. Parallelgesellschaft ist Alltag für Minderheiten in Deutschland. Parallelgesellschaft ist Deutschland.

Dabeisein ist nicht alles

23.12.2019, Missy Magazine

Es ist kein Geheimnis, dass Menschen mit Zuwanderungsgeschichte und jene, die von Rassismus betroffen sind, in deutschen Medien unterrepräsentiert sind. Der sogenannte Migrationshintergrund, der allerdings keine Auskunft darüber gibt, ob eine Person auch von Rassismus betroffen ist, beträgt in Deutschland 25 Prozent. Dieser Anteil lässt sich aber in der deutschen Medienlandschaft nicht wiederfinden.

In einem *ZEIT*-Streitgespräch, das am 17. Dezember veröffentlicht wurde, sagte der *ZDF*-Chefredakteur Peter Frey, dass Björn Höcke kein möglicher Talkshowgast für den Sender sei. Er erinnerte an seinen Kommentar zur Thüringenwahl, in dem er sagte, wer dem AfD-Politiker im Oktober bei der Landtagswahl die Stimme gegeben hat, habe bewusst rechtsextrem gewählt. Aber Frey sagte im Streitgespräch auch was anderes – und zwar, dass das *ZDF* nicht alle Gäste mit Migrationshintergrund, die sie gern bei ihren Talkshows dabeihätten, bekomme: „Manche schlagen unsere Einladung aus, weil sie nach Auftritten schon viele Anfeindungen erlebt haben."

Ebenso kein Geheimnis (lässt sich zumindest hoffen): Wer als betroffene Person öffentlich über gesellschaftliche Probleme spricht, wird in der Regel zur Zielscheibe gemacht. Die Ursache könnte darin liegen, dass die Hemmschwelle, benachteiligte Menschen anzugreifen, niedriger ist als bei privilegierten Menschen. Das hängt zum einen mit gesellschaftlichen Machtverhältnissen zusammen – wer kann sich eher wehren, wer verfügt über ausreichend Ressourcen, für wessen Schicksal interessiert sich die Mehrheit, mit wem zeigt sie sich solidarisch?

Zum anderen hängt das auch damit zusammen, dass von marginalisierten Menschen erwartet wird, dankbar für ihr bloßes Existenzrecht zu sein, dafür, überhaupt in dem betreffenden Land leben zu dürfen und sich nicht über Missstände zu beschweren. Woran liegt es, dass Menschen, die ihre Diskriminierung öffentlich problematisieren, als Nestbeschmutzer*innen abgestempelt werden? Für mich nicht auszuschließen, dass das ein Erbe der Nazizeit sein könnte, in der diese Gruppen ja nicht existieren durften. Existieren zu dürfen, nicht getötet zu werden, wird heute als Beweis genommen, dass es nichts mehr gebe, worüber man sich beklagen könne. Nun, nur weil Nazideutschland besiegt wurde, heißt das nicht, dass die Bundesrepublik kein Demokratieproblem hat.

Die Konsequenz des Hasses ist für viele betroffene Menschen, sich lieber zurückzuziehen. Das ist nicht nur die Erfahrung von Peter Frey, sondern geht auch aus einer Studie von *Amnesty International* aus dem Jahr 2017[16] hervor. Diese Entscheidung ist jedem betroffenen Menschen selbst überlassen. Sie müssen sich schützen und sie schulden der Mehrheitsgesellschaft nichts, vor allem, wenn ihr Engagement mit Gewalt bestraft wird und die Mehrheit das übersieht oder ignoriert. Allerdings ändert ihr Recht auf Rückzug nichts an der Tatsache, dass dadurch bestimmte Perspektiven, die ohnehin kaum hör- und sichtbar sind, noch weniger gesehen und gehört werden.Wenn deutsche Medien oder die Zivilgesellschaft betroffene Menschen für ihre Talkshows, Gastbeiträge oder Podiumsdiskussionen gewinnen möchten und einladen, denken sie auch an Schutzmechanismen? Wenn diese eingeladenen Gäste später angefeindet, angegriffen und bedroht werden – was machen sie? Wie gehen sie damit um? Bleiben sie dran? Fragen sie die betroffenen Menschen, was sie brauchen, was sie für sie machen können? Unterstützen sie sie mit Rat und Tat? Vernetzen sie sie mit Beratungsstellen, stellen ihnen juristische Unterstützung zur Verfügung? Greifen sie ihnen unter die Arme? Zumindest nicht flächendeckend. Die Abbildung der gesellschaftlichen Realität in Talkshows, Podiumsdiskussionen oder Zeitungen besteht nicht nur darin, durch ein Quotensystem bestimmte Gruppen dabeizuhaben. Dabeisein ist nicht alles, kann sogar unter Umständen zur Benachteiligung von marginalisierten Personen führen. Darin besteht auch das Quotendilemma. Unterschiedliche Gruppen haben unterschiedliche Probleme und Bedürfnisse, die in den meisten Fällen nicht beachtet werden. Nicht alle haben dieselben Startbedingungen und nicht alle

---

16 https://www.amnesty.org/en/latest/news/2017/11/amnesty-reveals-alarming-impact-of-online-abuse-against-women/ (abgerufen am 10.03.2020)

müssen mit den gleichen Konsequenzen rechnen. Dieselbe Aussage kann drastisch unterschiedliche Reaktionen auslösen, wenn sie von einem weißen, heterosexuellen, cisgeschlechtlichen, nicht behinderten Mann aus dem Mittelstand kommt oder aber von einer Schwarzen trans Frau, die im Rollstuhl sitzt. Diese beiden mögen in demselben Land leben, dennoch haben sie grundverschiedene Realitäten. Das Publikum filtert und bewertet ihre Aussagen nicht nach denselben Maßstäben.

Ich begrüße es, dass Peter Frey weiß, dass beim *ZDF* Bedarf an mehr unterschiedlichen Realitäten und Perspektiven besteht. Immerhin – auch wenn 2019 ein bisschen spät ist. Die Frage der Absagen dürfte sich höchstwahrscheinlich von alleine klären, wenn sich deutsche Medien und die Zivilgesellschaft, die marginalisierte Gruppen bei ihren Diskussionen über gesellschaftspolitische Themen dabeihaben möchten, auch für die Folgen ihrer Teilnahme verantwortlich fühlen und Maßnahmen ergreifen, um diese zu schützen. Alleingelassen zu werden, ist nämlich bisher so ziemlich das größte Problem.

Augen auf

18.10.2019, taz, die tageszeitung

Der Ex-Verfassungsschützer Andreas Temme, der am Tatort chillte, während Halit Yozgat vom NSU ermordet wurde, war auch mit dem mutmaßlichen Lübcke-Mörder Stephan Ernst „dienstlich befasst". Hessens Innenminister Peter Beuth (CDU) nennt das normal und warnt davor, „Sachverhalte unnötig zu skandalisieren".

Das ist kein Wunder. Wenn es um Rechtsextremismus geht, ist die Verharmlosung der erste deutsche Impuls. Auch nach dem Angriff in Halle hieß es, dass der Attentäter Stephan B. (nicht zu verwechseln mit Stephan E.) Einzeltäter sei. Bei Rechtsextremen denkt man also zuerst an vereinzelte Stephans. Bis heute gilt der NSU als Trio.

Laut BKA gibt es zurzeit 43 rechtsextreme Gefährder*innen in Deutschland. Bei der Zahl weiß man nicht, ob man lachen oder weinen soll. Lachen, weil so eindeutig klar ist, dass die Zahl nicht stimmen kann und viel höher sein muss. Weinen, weil den Behörden der Ernst der Lage nicht klar zu sein scheint, während Rechtsextreme sich bewaffnen, Angriffe planen, umsetzen und live streamen.

Auch wenn sie ihre Taten einzeln verüben, sind sie Teil einer Gruppe: die losen Strukturen von Nazis arbeiten nach dem Prinzip des „führungslosen Widerstands". Unter anderem schützen sie sich so vor Verfolgung.

Auch unter Journalist*innen herrscht oft eine verharmlosende Haltung. Die *tagesschau*-Moderatorin Pinar Atalay fragte nur Stunden nach dem Anschlag in Halle den *ARD*-Terrorismusexperten Georg Mascolo, ob der Döner-Imbiss als Ziel zufällig ausgewählt worden sei. Mascolo nannte es „wahllos", obwohl der Täter dabei das Wort „Kanake" in den Mund nahm. Wenn das Motiv rassistisch ist, ist das Ziel gerade nicht wahllos. Atalay ließ Mascolos Aussage bedauerlicherweise unwidersprochen.

Eigentlich sollte es genau umgekehrt laufen: Sachverhalte müssen skandalisiert werden. Bei rechtsextremen Straftäter*innen ist zunächst einmal davon auszugehen, dass sie keine Einzeltäter*innen sind. Wenn ein Name wie Temme erneut im Zusammenhang eines rechtsextremistischen Mords auftaucht, ist es nötig, sehr genau hinzuschauen. Rechtsextreme sind gut vernetzt und organisiert. Sie trainieren, üben mit Waffen, radikalisieren sich gegenseitig, bereiten sich auf ihren Tag X vor.

Und nicht alle Rechtsextreme tragen heutzutage Bomberjacken und Springerstiefel. Sie sitzen in Landesparlamenten, im Bundestag und im EU-Parlament, aber auch in Behörden und Redaktionen. Und genau das muss skandalisiert werden.

Rennende Muslime? Gefährlich!

05.06.2019, taz, die tageszeitung

Wer kennt das nicht: Es ist Weihnachten, Familienbesuche. Eigentlich hat man keine Lust, aber was muss, das muss. Fertiggemacht, losgefahren, die Zeit aber doch unterschätzt und am Hauptbahnhof muss man rennen, um schnell noch den Zug zu bekommen.

Ja, alle kennen das. Aber nicht alle machen dieselbe Erfahrung, wenn sie es eilig haben. Zumindest nicht in Deutschland. So sperrte am Dienstag die Polizei beide Ausgänge des Kölner Hauptbahnhofs und fixierte zehn „verdächtigte" Männer auf dem Boden, nur um herauszufinden, dass es keine Terroristen, sondern ganz normale Typen waren. In einem Tweet erwähnt die Polizei Köln, dass die Männer „im Laufschritt" unterwegs waren. Warum soll das Rennen an einem Hauptbahnhof einer Großstadt verdächtig sein? Weil es Muslime sind, die rennen und dabei noch weiße Gewänder tragen. Mehr gibt die Polizei zur Begründung nicht an. Ganz so als wäre es selbsterklärend, worin das „Missverständnis" liegen könnte.

An jenem Tag handelte es sich um den ersten Tag des Ramadan-Festes am Ende der Fastenzeit in einem der drei Heiligen Monate des Islams. Es ist Tradition, sich an Festtagen schick anzuziehen und Verwandte zu besuchen. In meiner Kindheit war es üblich, dass Kinder „Bayramlık" geschenkt bekamen – schicke Kleidung extra für die Festtage. Ein Blick auf die betroffenen Männer reicht aus, um zu verstehen, dass es genau darum ging. Auf dem Foto, das die *Bild*-Zeitung in ihre Meldung einbettete, sieht man einen jungen Mann von hinten, der mühsam frisiert und sauber und frisch angezogen ist. Er trägt eine traditionelle Weste, die man von Festtagen und Hochzeiten kennt.

Stellen Sie sich vor: Sie machen sich schick für einen festlichen Besuch und werden gerade deshalb mit Gewalt auf den Boden geschmissen. Es sollen andere Bahnfahrer*innen gewesen sein, die die Polizei alarmierten. Sie sahen also festlich gekleidete Männer und dachten gleich an Terroristen. Wir wissen nicht, wer diese Männer sind. Es ist gut möglich, dass es Deutsche sind. Deutsche, die in Deutschland geboren und aufgewachsen sind, arbeiten gehen, Steuern zahlen.

Laut einer Rechnung des Bundesamts für Migration und Flüchtlinge aus dem Jahr 2015 lebten bis dato circa 4,7 Millionen Muslim*innen in Deutschland, darunter auch Deutsche. Auch wenn das Grundgesetz das Deutschsein mit der Staatsangehörigkeit begründet, herrscht in der Mehrheitsgesellschaft ein anderes Bild: Deutsche sind jene mit blonden Haaren, blauen Augen, heller Haut, sind christlich und haben angeblich keine Zuwanderungsgeschichte. Wer außerhalb dieser Beschreibung bleibt, ist entweder minderwertig oder gefährlich. Rassismus wie aus dem Schulbuch.

Der gefährliche Mann mit vollem Bart, weißem Gewand, Granaten-weste und Ziege als Haustier ist spätestens seit 9/11 das Bild von Muslim*innen weltweit, seit Pegida und AfD auch in Deutschland. So wird eine rassistische Karikatur von einer nicht wirklich definierbaren Gruppe gezeichnet, die jegliche Gewalt gegen alle, die angeblich zu dieser diffusen Gruppe gehören, rechtfertigt. Man kennt die jeweiligen Gruppen, Länder, Gesellschaften und Kulturen kaum oder gar nicht, und das braucht man auch nicht: es sind doch schließlich alle gleich.

Es ist nicht neu, dass Polizeibeamte mehrheitlich rechts gesinnt sind und immer rechter werden. Dass sie sich so auf die betroffenen Männer schmeißen, ist weniger verwunderlich als Bahnfahrer*innen, die diese alarmierten. Es ist unfassbar, was für rassistischer Gewalt Muslim*innen und als muslimisch markierte Menschen in Deutschland ausgesetzt sind – tagein tagaus. Offensichtlich kann für sie etwas Banales wie Bahnfahren lebensgefährlich werden. Es ist beschämend, dass Menschen unfähig sind, sich selbst ein Bild von jenen zu machen, die seit Generationen in Deutschland leben und teilweise Deutsche sind, und sich stattdessen lieber rassistischer Klischees bedienen. Oder ist es etwa nicht so? Werden blonde Johannesse und Andreasse auch von Polizeibeamten fixiert, wenn sie der Bahn hinterherrennen? Ich denke nicht.

Verschlossen, verschluckt

10.07.2018, Missy Magazine

Endlich finde ich die Kneipe, in der wir uns treffen sollen. Mein Date wartet gleich beim Eingang: ein großer Mann mit dunklen Locken. Wir umarmen uns, obwohl wir uns zum ersten Mal treffen. Verabredet haben wir uns über Tinder.

Die Kneipe ist zu voll. Ich frage ihn, ob wir nicht woanders hingehen wollen. Er sagt ja, wir verlassen die Bar, laufen zu einer anderen. Gegenüber ist ein Club, davor stehen zwei Männer. Er sagt: „Dieser Laden wurde vor Kurzem von Roma übernommen. Wenn du magst, können wir da später rein. Ist auf jeden Fall witzig." Ich sage, dass ich mir das überlege. Wir gehen in die Kneipe, setzen uns hin, holen uns zwei Bier, unterhalten uns über dies und jenes. Wo wohnst du, welches Bier trinkst du am liebsten, Pipapo. Er will, dass wir später auf eine WG-Party gehen: „Da kommen auch syrische Refugees hin, wird witzig." Ich frag ihn, was er meint. Er kann es nicht genau sagen.

Und dann kommt die goldene Frage: Wo komme ich her? „Ich bin Kurdin", sage ich. Er hebt die Brauen ein wenig und sagt „Finde ich gut." Hmm. Was er wohl meint? Er sagt: „Ich finde die kurdische Freiheitsbewegung gut." Ach so. Die. Ja, die kenn ich. Unter „Kurdin" stellt er sich offenbar gleich eine YPJ-Kämpferin vor und geht davon aus, dass ich äußerst politisch sein muss. Seine Vorstellung hat aber nichts mit mir zu tun, sie beruht auf einem Stereotyp. Ich kämpfe nicht gegen den sogenannten Islamischen Staat. Heute Nacht bin ich eine Frau, die sich über Tinder verabredet, weil sie Sex haben will. Egal, denke ich. Vielleicht interpretiere ich zu viel hinein und frage ihn, was er denn so macht. Beruflich. Er sagt: „mal dies, mal das" und feiert seine Antwort so richtig. Er ist stolz auf seine luxuriöse Verweigerungshaltung. Wumms – meine Vagina verschließt sich! Feierabend, Schluss, aus. Wird nichts mehr. Sie hat sich an dieser Antwort verschluckt, ich habe mich an meinem Bier verschluckt. Schnell austrinken und gehen. Ob seine Eltern seine Miete zahlen?

Ich muss jedes Jahr zur Ausländerbehörde, um meine Aufenthaltsgenehmigung zu verlängern. Ich stelle mir vor, dass ich dasitze und die Frage genauso beantworte wie er:

„Frau Schick, sprechen Sie Deutsch?"
„Ja."
„Was machen Sie beruflich?"
Selbstbewusst lächeln, Augen zusammenkneifen, Kopf leicht nach links und rechts: „Mal dies, mal das…"

Abschiebung. Yallah, zurück in die Türkei.
Ich frag mich, wie privilegiert man sein muss, um sich das leisten zu können, mal dies, mal das zu machen und sich darauf einen runterzuholen. Und damit vor einer Migrantin anzugeben, deren Leben und gesellschaftlicher Status von ihrer Arbeit abhängen. Das ist selbst für Normalos total daneben. Dieser Mann hält sich für einen Linken, bewegt sich in linken Kreisen, dabei bringt er einen rassistischen Spruch nach dem anderen, exotisiert mich aufgrund meiner Identität und dann das. Oh, good life! Wie schön es sein muss, freiwillig so zu leben, als wäre man arm.

Diskriminierung geschieht oft unabsichtlich

29.06.2019, Spiegel

Alle dürfen kritisiert werden. Und man darf über alle spotten. Wenn es aber um Gruppen geht, die diskriminiert werden, ist die Grenze zwischen Kritik und Diskriminierung schmal. Besonders schwer sichtbar kann diese Grenze für jene sein, die sich selbst für Gleichberechtigung und Freiheit einsetzen. Diese Menschen mögen überzeugt sein, niemanden diskriminieren zu können – immerhin setzen sie sich dagegen ein. Aber gerade wenn man sich selbst die Fähigkeit zu diskriminieren abspricht und keinen Anlass zur Selbstreflexion sieht, besteht ein hohes Risiko, fahrlässig zu diskriminieren.

Am heutigen Samstag zeichnet der Journalistinnenbund das Lebenswerk der Karikaturistin Franziska Becker mit der Hedwig-Dohm-Urkunde aus. Becker ist eine bekannte Feministin, die sich unter anderem mit Weltreligionen beschäftigt. Während man viele ihrer Zeichnungen als Islamismuskritik sehen kann, bedient sich die Karikaturistin nicht selten auch islamfeindlicher Klischees. Hierbei geht es um die Karikaturen, in denen sie Frauen mit Kopftuch behandelt, eine ohnehin massiv diskriminierte Minderheit in Deutschland. In vielen dieser Zeichnungen gelingt es ihr nicht, patriarchale Strukturen differenziert darzustellen, ohne zu der Diskriminierung von Frauen mit Kopftuch beizutragen.

Diese Karikaturen von Becker zeigen keine Länder mit einem islamischen Regierungssystem, sondern ein islamisiertes Deutschland. Sie zeichnet Kopftuch tragende Polizistinnen, die Hände abhacken, Kindergärtnerinnen, die Kinder zu Terrorist*innen erziehen, Bankangestellte, die keine Frauen ohne Erlaubnis eines Mannes bedienen. Sie kommen in Deutschland offenbar mit der Scharia im Gepäck an, oder eröffnen die Tagesschau mit „Allahu Akbar". Becker bedient sich oft der islamfeindlichen Verschwörung einer Machtübernahme in Deutschland, mit der die AfD und Pegida arbeiten. Eine Differenzierung zwischen Islamistinnen und Musliminnen sieht man nicht.

Becker widerspricht zwar, Muslim*innen pauschalisiert zu haben, befürwortet dennoch im Interview mit „Cicero", dass Frauen mit Kopftuch Berufe verboten werden sollen, in denen sie eine Vorbild- oder staatliche Funktion einnehmen: „Ich möchte nicht, dass [...] meine Kinder von so jemandem erzogen werden in der Schule oder sonst wo." Im Interview mit dem *Spiegel* sagt sie, sie zeige „Frauen, die freiwillig und sehr bewusst und aus ideologischen Gründen das Kopftuch tragen." Diese seien „Täterinnen".

Frauen mit Kopftuch in Deutschland werden beim Zugang zu Bildung, Ausbildung und Arbeitsmarkt diskriminiert, wie die Dokumentation der Antidiskriminierungsstelle des Bundes aus dem Jahr 2016 zeigt. In schlecht bezahlten Berufen werden sie zwar toleriert, aber sobald sie im Mittelstand ankommen, problematisiert. Während eine Putzfrau nicht auffällt, empört die Lehrerin mit Kopftuch. Es gibt keine Rechtfertigung für diese Diskriminierung – egal, was man persönlich vom Islam oder dem Kopftuch hält. Ein Mensch, der ohne Religion lebt, kann sich trotzdem für die Rechte jener aussprechen, die aufgrund ihrer Religionszugehörigkeit diskriminiert werden – auch dann, wenn man das Kopftuch für ein Symbol der Unterdrückung hält.

Das Bundesinnenministerium registrierte 2018 über 800 islamfeindliche Angriffe in Deutschland, die auch oft Frauen mit Kopftuch betreffen in Form von verbaler oder körperlicher Gewalt. Becker hält die Kritik an ihrer Arbeit für ein Streben nach „politischer Korrektheit". Sich einen Feminismus zu wünschen, der nicht zu weiteren Diskriminierungen führt, hat nichts mit politischer Korrektheit zu tun. Wenn es um Gewalt und rassistische Diskriminierung geht, ist es egal, was man persönlich von dem Kopftuch hält – das ist eine andere Diskussion.

Frauen mit Kopftuch werden zur Projektionsfläche von mindestens zweifachem Hass: aufgrund ihres Geschlechts und ihrer Religion. Eine mehrfachmarginalisierte Frauengruppe pauschal zu Täterinnen zu erklären schürt Hass, und macht sie anfälliger für Angriffe. Sowohl in ihren Bildern als auch in Interviews macht Becker deutlich, dass sie kein Bedürfnis hat, zwischen Islamistinnen und Kopftuch tragenden Frauen zu unterscheiden.

So sagt sie im Interview mit „Cicero": „Es ging in den Bildern [...] um eine Weltideologie mit 1,6 Milliarden Mitgliedern." Das ist die

Zahl aller Muslim*innen weltweit. Spätestens, wenn es um alle Muslim*innen geht, ist Schluss mit der Differenzierung.

Ein Mensch kann sich rassistisch äußern, auch wenn er kein Rassist ist. Diskriminierung geschieht sogar öfter unabsichtlich und unreflektiert als mit Intention. Es ist die Verantwortung eines jeden Menschen, seine Handlungen in seinem Machtbereich zu reflektieren.

Hallo, wem gehört die Nacht?

Sexismus, sexistische und sexualisierte Gewalt

Lass uns joggen gehen!

04.09.2017, taz, die tageszeitung

Frauen sollen vorerst lieber nicht alleine joggen gehen – so lautete am Wochenende die Empfehlung der Leipziger Polizei. Der Grund: Ein Mann hatte am vergangenen Donnerstagmorgen eine Joggerin verletzt und vergewaltigt. Der etwa 25 bis 35 Jahre alte Täter ist noch auf freiem Fuß, die betroffene Frau beschrieb ihn als „südländischen Typ". Grund genug für die AfD, ihr rassistisches Larifari rauszulassen. Die Partei veröffentlichte am Sonntag eine Neun-Punkte Liste auf Facebook, die Frauen als „Selbstverteidigungstipps gegen Merkels Gäste" dienen soll. Unter anderem wird vorgeschlagen, schon mal für ein Laufband zu sparen, weil man bald nicht mehr im Freien joggen könne. Und Punkt Nummer 9 lautet: „Wähle am 24.9. die AfD". Die Antivergewaltigungspartei im Dienst. Aber irgendwie nur gegen ausländische Vergewaltiger.

Dass die AfD eine öffentliche Diskussion ausnutzt, um Hass zu predigen, und gegen Ausländer zu hetzen, ist ja kein neues Phänomen. Das Entscheidende hier ist die Ansage der Leipziger Polizei, nämlich ihr Aberglaube, dass es eine Lösung sei, nicht mehr alleine zu joggen: „Es wäre besser, zu zweit joggen zu gehen, oder zumindest zu schauen, ob immer jemand anderes irgendwo in der Nähe ist", sagte ein Sprecher der Polizei der *Leipziger Volkszeitung*. Hysterie schüren wolle er damit aber nicht. Dass diese Ansage viele Frauen davon abhalten könnte, überhaupt joggen zu gehen, kalkuliert der Polizeisprecher nicht ein. Die Verantwortung der Polizei liegt nicht darin, Frauen Angst zu machen und sie so aus dem öffentlichen Raum auszuschließen, sondern darin, sie zu schützen. Wer zu Hause bleiben sollte, sind die Vergewaltiger – nicht die Frauen.

Früher hieß es bei Vergewaltigungen, eine Frau habe nachts in einem Park nichts zu suchen. Sie solle gefälligst zu Hause bleiben, wenn sie sich nicht vergewaltigen lassen möchte. Sie hätte davonrennen sollen, sonst sei es nicht glaubhaft, wenn sie behauptet, es sei nicht im Einvernehmen geschehen. Und jetzt wird eine Frau tagsüber vergewaltigt, die ja sogar praktisch dabei war, zu laufen. So langsam gehen uns die Mittel des Täter*innen-Opfer-Umkehrs aus. Selbstverteidigung ist ein Recht, darüber muss nicht gestritten werden. Aber wenn Frauen anfangen einfach zu Hause zu bleiben, weil sie nicht vergewaltigt werden wollen (egal von wem), wird ihr Zugang zur Öffentlichkeit und somit zum Leben und zur Welt begrenzt. Für all die Generationen der Frauen, die lange für einen Platz in der Öffentlichkeit gekämpft haben und noch immer kämpfen müssen, für alle Frauen in der Welt, wäre das eine Niederlage.

Und wenn wir Vergewaltigungen zu Selbstverständlichkeiten erklären, die man nicht verhindern kann; wenn wir akzeptieren, dass wir uns daran gewöhnen und unser Leben dementsprechend anpassen, können Frauen am Ende nur noch an Vergewaltigungen denken. Sie müssen in ständiger Angst leben, weil die Last der Verantwortung gänzlich ihnen aufgeladen wird, und nicht den wahren Verantwortlichen: jenen Männern, die vergewaltigen.

Wenn unser Lebensstil angegriffen wird, können wir uns solidarisieren. Wie nach Terroranschlägen brauchen wir klare Zeichen: Das lassen wir uns nicht gefallen. Wir sollten die Straßen und die Plätze besetzen, raus gehen, es ablehnen, uns an Gewalt zu gewöhnen und in Angst zu leben. Genau jetzt ist die Zeit für Frauen, joggen zu gehen.

Flirtfreiheit des Mannes

25.10.2017, taz, die tageszeitung

Wie kann ich noch Menschen anflirten, kennenlernen, oder eine*n Partner*in finden, wenn Komplimente als Sexismus betrachtet werden? Wie komme ich überhaupt in Kontakt mit anderen Menschen, ohne dass sie sich sexuell belästigt fühlen? In der aktuellen Debatte über #MeToo, über sexualisierte Gewalt und Sexismus, zeigt sich die Verwirrung um die Grenze zu sexueller Belästigung. Dabei steht der Kampf gegen den Sexismus dem Flirten nicht im Weg.

Ihr wollt ein romantisches Verhältnis mit jemandem anfangen, seid aber verzweifelt: Wo und wie? Eigentlich gibt es eine große Auswahl an Orten, um in Kontakt mit anderen Menschen zu kommen: Fitnessstudio, Arbeitsumfeld, politisches Engagement – überall, wo sich Menschen befinden, können sich romantische Verhältnisse entwickeln – nicht nur in Clubs und Bars. Denn: Nur weil eine Frau allein in einer Bar sitzt oder in einem Club tanzt, ist sie nicht unbedingt offen für Angebote.

Dasselbe gilt auch für andere Geschlechter. Menschen wollen und müssen nicht ständig und überall daran erinnert werden, ein Geschlecht zu haben, ein sexuelles Wesen zu sein. Zudem gibt es auch Menschen, die eben kein Geschlecht haben und ständig in irgendwelche Schubladen gesteckt werden. Das nervt. Die Angesprochenen haben das Recht, so zu reagieren, wie sie möchten. Sie haben das Recht, von dem Flirtversuch zu halten, was sie halten möchten. Da bleibt euch eins: in Ruhe lassen.

Frauen kennen es gut, wenn sie mit Männern in einem Club sind und diese mal kurz verschwinden, findet ein Tanzwettbewerb um sie herum statt. Die Begleitung merkt das nicht mal. Sobald sie wieder zurück sind, verschwinden diese Antänzer. Dasselbe gilt auch auf der Straße, unterwegs mit einem Mann, wird die Frau nicht blöd angemacht. Sobald sie allein ist, schon. Natürlich können auch in Clubs romantische Beziehungen beginnen. Hier ist es ganz wichtig, festzustellen, ob die Person, die angetanzt oder angesprochen wird, ein deutliches Interesse zeigt. Das lässt sich ganz leicht feststellen: Ignoriert dich die Person, vermeidet Augen- und Körperkontakt, dann hat sie keine Lust. Was macht man dann? Man lässt die Person in Ruhe. Alles, was darüber hinaus passiert, ist sexuelle Belästigung.

Heißt nein wirklich *immer* nein? Ja. Das Bild, das wir von romantischen Fiktionen, vor allem aus Hollywood, vermittelt bekommen, in denen der Mann nach dem Nein der Frau hartnäckig bleibt, bis er sie endlich überzeugt – das müssen wir verlernen. Es ist wichtig, die sexuelle Belästigung nicht nur aus der Perspektive zu betrachten, was sich der Mann erlauben darf und wie weit er geht. Die Flirtfreiheit des Mannes ist hier nicht der einzige Gesichtspunkt. Wichtiger sind die Grenzen der Person, der das Angebot gemacht wird. Wiederholung: An einem normalen Tag können insbesondere Frauen von mehreren Menschen blöd angemacht werden. Wenn sie Nein sagen, dann meinen sie es auch so. Und wenn sie jede*n einzelne*n mehrmals Nein sagen müssen, wird aus dem Flirtversuch Unterdrückung.

Noch ein Hinweis: Anbaggern ist kein Kompliment. Punkt.

Die Geschlechtsorgane an wildfremden Menschen zu reiben oder sie zu begrabschen ist ausnahmslos immer sexuelle Belästigung und kein Kompliment. Wenn wir uns hier einig sind, können wir weitermachen: Wenn jemand nicht angebaggert werden möchte, dann möchte er es einfach nicht. Da ist keine Diskussion notwendig, weil das keine Debatte ist. Ein Eingriff in die persönlichen Grenzen ist psychologische Gewalt. Jemandem dann auch noch zu sagen, er habe das Ganze als Kompliment zu verstehen, ist schlichter Faschismus: „Sei doch froh, dass ich überhaupt Interesse an dir habe" heißt: „Lass dir alles gefallen, was ich mit dir anstellen möchte." Außerdem – wann habt ihr denn das letzte Mal jemandem ein Kompliment gemacht? Gehört das überhaupt zum Alltag in Deutschland?

Heterosexuelle cis Männer, die Datingapps nutzen, erzählen häufig, dass die Interaktion in der Regel nur auf die Initiative des Mannes hin erfolgt. Ein Grund dafür ist möglicherweise, dass Frauen schon früh beigebracht wird, so wenig offensiv zu sein wie möglich. So „schwierig zu haben" zu sein, wie es geht – das soll ihren Wert bestimmen.

Dabei verstärkt das nur die Vergewaltigungskultur: Ein nicht ernst genommenes Nein kann schwere Folgen haben. Da hilft es allen zu versuchen, über die patriarchalen Strukturen hinauszuwachsen.

Man kann es Menschen schon ansehen, wenn sie Lust haben, in Kontakt zu treten. Wenn man es sehen und wahrhaben will, ist es überhaupt nicht schwierig. Wenn einem aber nur die eigenen Bedürfnisse wichtig sind und die von dem Gegenüber egal, dann sollte man auch nicht rumheulen, wenn man die Sache beim richtigen Namen nennt – nämlich sexuelle Belästigung.

Hallo, hört mich jemand?

16.11.2017, taz, die tageszeitung

„Wenn du nicht aufhörst, Mädchen anzufassen, komme ich runter und fuck dich ab!" So legte sich am Mittwoch der kanadische Rapper Drake während eines Auftritts in Sydney mit einem Mann im Publikum an. Der Mann soll dort Frauen sexuell belästigt haben. Drake brach daraufhin seinen Song ab – und setzte damit ein klares, wichtiges Zeichen.

Ein solches Bewusstsein für sexuelle Belästigung ist in Clubs, Bars, auf Partys und Konzerten leider nicht selbstverständlich. Das musste ich selbst vor paar Wochen feststellen. Im Oktober war ich in einem Club im Berliner Stadtteil Wedding, wo ein Rap-Auftritt stattfinden sollte. Peti Free, eine Band aus Köln, und Hip-Hop-Produzent Figub Brazlevič waren zu Gast. Ich hatte einen Mann dabei, wir tranken und tanzten. Es war ganz nett, bis es irgendwann weniger nett wurde.

Meine Begleitung ist irgendwann Bier holen gegangen, und gleich landete ein Typ neben mir und tanzte mich an. Ich habe ihn nicht mal angeschaut, habe mit meiner Körpersprache klar gemacht, dass ich kein Interesse für Interaktion mit ihm habe. Er hat das ignoriert. Der Typ blieb, bis meine männliche Begleitung wieder zurückkam. Dass ich kein Interesse gezeigt hatte, hat ihm nicht ausgereicht. Die Existenz eines anderen Mannes war für ihn wichtiger. Dabei wusste er ja noch nicht einmal, wie wir zueinander stehen – meine Begleitung hätte mein Mitbewohner sein können, mein Bruder, mein Cousin. Egal, offenbar hat der Antänzer diesen Mann für „meinen Besitzer" gehalten, und so ist er zur nächsten Frau gegangen.

Ich habe ihn nicht aus dem Auge verloren: Er tanzt sie an. Sie, so wie ich, schaut ihn nicht mal an. Auch bei ihr klar: kein Interesse. Ihm ist es egal. Er tanzt die Frau solange an, bis sie keine Lust mehr hat, da zu sein. Sie ist „leider" alleine, hat keinen Mann dabei, der diesen Antänzer wegscheucht. Sie verlässt den Raum, geht einfach weg – und ich finde es überhaupt nicht lustig.

Ich bin schon angetrunken und stinksauer auf den Mann. Die Band auf der Bühne rappt vor allem „für den Frieden". Und sie sagt Sachen über die Polizei, die böse sind und die ich gar nicht so schlecht finde. Es sind teilweise People of Color, möglicherweise kennen sie Unterdrückung, insbesondere den institutionellen Rassismus und die Polizeigewalt. Ich fühle mich wohl bei ihnen. Als der Song endet, gehe ich zur Bühne und frage den einen Rapper, ob ich kurz auf die Bühne darf. Er sagt ja, und gibt mir ein Mikro.

Ich will sagen, dass eine Frau wegen sexueller Belästigung den Raum verlassen musste. Dass sie eingeengt wurde. Auf das Konzert ist sie sicherlich nicht dafür gekommen, um von einem antanzenden Mann zu flüchten. Nein, sie ist für die Musik da, zu tanzen, um sich zu entspannen. Aber ihr wurde der Raum genommen, der ihr zur Verfügung stand. Nachdem die sexualisierten Angriffe des Hollywood-Produzenten Harvey Weinstein an die Öffentlichkeit gelangten, diskutieren wir auch hierzulande intensiver über sexualisierte Gewalt. Die Sache ist doch ganz klar. Sie kennen Unterdrückung. Ich kann die Leute erreichen, die Zeit ist reif.

Ich fange an: „Hallo, mein Name ist Sibel, ich bin Feministin. Wir diskutieren seit Tagen über sexualisierte Gewalt…" und werde sofort stillgelegt von mehreren Männern, die auf der Bühne stehen. Sie sind panisch, wollen, dass ich verschwinde, dass ich die Klappe halte. Das sagen sie auch. Der Produzent von hinten schreit mich an: „Wir sind hier, um Musik zu machen. Es ist keine Bühne für Politik!" Ich lehne ab, möchte es unbedingt loswerden, weil dieser Auftritt, den ich bis gerade eben noch gesehen habe, alles andere war als unpolitisch. „Nein, lasst mich reden. Ich will unbedingt reden." Wenn ich einmal erzählen kann, was passiert ist, verstehen sie mich, denke ich. „Frauen wollen nicht ständig daran erinnert werden, dass sie ein Geschlecht haben", möchte ich sagen. „Wenn sie Lust haben, sieht man ihnen das an. Wenn sie euch ignorieren, dürfen sie nicht mehr angetanzt werden." Ich kann aber nicht, weil sie mein Mikro ausschalten. Wie naiv ich manchmal sein kann.

Als sie mein Mikro ausschalten, kommt einer der Rapper zu mir und sagt: „Wenn wir mit dem Auftritt fertig sind, rufen wir dich auf die Bühne. Dann kannst du sagen, was du sagen möchtest." Ich gehe von der Bühne runter.

Zwei junge Frauen kommen sofort zu mir: „Also wir denken auch so wie du, aber wie du es gemacht hast…" Dabei konnte ich mich nicht mal ausdrücken. Ich durfte ja nicht. Sie wussten also gar nicht, was ich sagen wollte, worum es ging. Als das Ganze passiert ist, hat sich meine Begleitung überfordert die Decke des Clubs angeschaut, und dabei Bier getrunken.

Nach dem Auftritt haben sie mich natürlich nicht auf die Bühne gerufen. Mir war das klar, aber ich hätte es noch gemacht. Stattdessen kamen die Rapper zu mir: Was war das, was du sagen wolltest, fragten sie. Ich fing an zu erzählen, und wurde gleich unterbrochen: „Nimm das doch als Kompliment an. Du bist doch so ne heiße Frau." Ich sagte „Warte, lass mich mal ausreden." Ich erzählte weiter, obwohl die Niederlage feststand: Menschen, deren erster Instinkt ist, den belästigenden Mann zu verteidigen, sind nicht zu erreichen. Ich erzählte trotzdem zu Ende, und ähnliche Kommentare folgten: „Du bist doch hübsch, nimm es doch nicht böse an." Und dann aber auch: „Ihn fandest du respektlos, aber dass du auf die Bühne springst, ist okay, oder wie?"

Eine hilflose Aktion, um auf sexuelle Belästigung hinzuweisen, und bisschen Gerechtigkeit für die Frau zu fordern, die gehen musste, wird mit sexueller Belästigung gleichgesetzt. Ich sage: „Klar hätte ich das anders machen können, aber ich bin wütend." Ein Rapper sagt: „Nur wegen dem einen Typen, oder was? Schau doch, wie viele hier sind, die nicht belästigen." Er fühlt sich beleidigt, sie sind alle beleidigt. Und ich stehe da, und versuche ihnen zu erklären, dass sexuelle Belästigung keine gute Sache ist. Sie erwarten, dass ich ihnen sage, dass doch nicht sie die Bösen sind. Dass sie anders sind. Dass da nur der eine ätzende Typ war.

Ich verliere langsam die Geduld. Bei dem einen Mann, der sagt „Körperkontakt gehört halt zum Tanzen" explodiere ich. Ich sage ihm, dass es Unsinn ist. Frage ihn, wie er das fände, wenn ich an seinen Körper rumfummeln würde. Er sagt ich sei ein *Feminazi*[17], weil ich ihn nicht reden lasse. Das reicht mir, ich verlasse den Raum.

Auf dem Rückweg zieht meine Begleitung einen Vergleich:

---

17 *Feminazi* ist ein von Maskulinisten und Feminismusgegnern erfundener Begriff, ein Totschlagargument. Er soll bedeuten, dass Feminist*innen Nazis seien. Es ist nicht nur lächerlich, sondern meiner Meinung nach eine klare Holocaustverharmlosung.

Meine Erfahrung sei so ähnlich, wie wenn er von seinem Arbeitgeber aufgrund seiner Tätowierungen schräg angeguckt wird. „Ich verstehe dich," sagt er. Ich kann nicht fassen, wie realitätsfern sein Kommentar ist. Das muss seine schlimmste Diskriminierungserfahrung sein. Der Arme.

Hätte Drake auf dieser Bühne gestanden, wäre es vielleicht anders gelaufen. Ich wäre vielleicht zu Wort gekommen und losgeworden, was ich loswerden wollte. Ich glaube, wir werden es nie wissen, aber alleine die Wahrscheinlichkeit erleichtert mich. Danke Drake, weiter so, ich hoffe deine Aktion wird ein Vorbild für alle.[18] Und Männer: Hört endlich damit auf, Frauen zu belästigen.

---

18 Die Songtexte von Drake wurden bereits mehrfach aus einer feministischen Perspektive auseinandergenommen und als unterschwellig frauenfeindlich eingeordnet. Auch wurde seine Nähe zu der Schauspielerin Millie Bobby Brown, Jahrgang 2004, zurecht kritisiert.

Die Namen sind nicht das Problem

14.02.2018, taz, die tageszeitung

„Behaltet eure Namen", forderte die Autorin Mareike Nieberding neulich im *ZEITmagazin*. Zehn Freundinnen von ihr haben im vergangenen Jahr geheiratet, schreibt sie, „berufstätige, selbstbewusste, kritische junge Frauen". Sieben von ihnen haben den Nachnamen ihres Mannes angenommen. Nieberding findet das falsch. „Denn Namen sind weder Schall noch Rauch. Namen sind Geschichte, Erfolge, Traumata, Familie" – und die sollten junge Frauen doch bitte für sich selbst behalten, anstatt sich via Namensübernahme ihrem Gatten unterzuordnen.

Auch ich bin Feministin wie Mareike Nieberding. Gerade deswegen habe ich bei meiner Hochzeit den Namen meines Mannes angenommen. Und zwar aus emanzipatorischen Gründen.

Die älteste Erinnerung in meinem Leben besteht nur aus einem Ton, kein Bild. Es ist die Stimme meiner Mutter in rabenschwarzer Dunkelheit. Sie schreit, mein Vater schlägt sie: „Hör bitte auf! Bitte!" Sie muss 18 oder 19 Jahre alt gewesen sein. Ihr Gegenüber ist ein Mann, der fast zehn Jahre älter ist als sie.

Um meinen 30. Geburtstag herum schrieb ich diese Erinnerung als Blogbeitrag auf. Kurz darauf klingelte mein Telefon, mein Vater war dran, mitten in der Nacht. Er hatte den Beitrag gelesen und war wütend, weil er der Meinung war, dass er meine Mutter nicht geschlagen habe. „Vielleicht mal eine Ohrfeige, aber das war's!" Ich rief meine Mutter an. Ich musste wissen, ob mein Gehirn mich täuscht. Das hat es wohl nicht. Sie hatte sogar noch mehr zu erzählen.

2015 habe ich geheiratet und den Nachnamen meines Mannes übernommen. Wir waren seit vier Jahren zusammen, haben zusammengewohnt, uns geliebt. Mein Mann wünschte sich, dass ich seinen Nachnamen annehme: Schick. Ich tat das, aber nicht als Geschenk an ihn. Ich habe es getan, weil ich nicht den Namen meines gewalttätigen Vaters behalten wollte, der meine Mutter und mich traumatisiert hat. Meinen Vater durfte ich mir nämlich nicht aussuchen, seinen Namen auch nicht. Meinen neuen Namen hingegen schon. Ich liebte den Mann, der diesen Namen trug, entschied mich für ihn und für ein Leben als Sibel Schick.

Es fiel mir anfangs nicht leicht, mich an den neuen Nachnamen zu gewöhnen. Aber selbst als die Beziehung zu meinem Mann scheiterte, nahm ich meinen alten nicht zurück. Ich wollte nicht zurück in die Namensfamilie meines Vaters.

Unsere Geburtsnamen sind nicht unsere eigenen, sondern die unserer Väter. Sie definieren uns nicht als Individuen, sondern erinnern uns daran, dass wir Teil einer traditionellen Familie sind, deren Anführer noch immer meist der Namensgeber, also der Mann, ist. Die Familie ist der Kern des Systems, die kleinste Einheit des Staates, ohne die der Staat nicht überleben kann. Es sind die traditionellen Familien, die für billige Arbeitskräfte sorgen und die Reproduktion sicherstellen.

Die Familie ist die Institution, in der wir als erstes lernen, wie Machtverhältnisse funktionieren. Sie bereitet uns auf das „richtige Leben da draußen" vor, macht uns zu gehorsamen Erwachsenen. Gewalt beginnt in der Familie. Wie viele von uns wehren sich dagegen? Wie viele trauen sich, die Machtverhältnisse innerhalb der eigenen Familie infrage zu stellen, diese bei Familientreffen zu thematisieren?

Stattdessen sitzen wir an dem Esstisch mit schicken Porzellantellern und Kristallgläsern vor uns, gekränkt, halten es aus, dass der Vater wieder pöbelt, der Onkel unmögliche Sprüche macht, bis endlich alles vorbei ist, und wir wieder zurück in unser Leben kehren, wo wir das Erlernte reproduzieren dürfen.

Das eigentliche Problem sind doch nicht die neuen Namen. Das eigentliche Problem ist, dass wir überhaupt noch heiraten wollen. Dass wir die Idee so sehr verinnerlicht haben, dass heiraten selbst unter jungen Großstädtern wieder in ist. Die Statistik zeigt: Die Zahl der Eheschließungen nimmt in den letzten Jahren wieder zu. Die überwiegende Mehrheit der Paare mit Kind ist verheiratet.

Ehe und Familie gehören für viele immer noch untrennbar zusammen. Bist du verheiratet, scheißegal ob du glücklich bist, dann hast du was im Leben geschafft. Wenn eine Frau ihren Geburtsnamen behalten möchte, sollte sie ihn behalten. Der Siegeszug der Emanzipation ist das aber noch längst nicht.

Frauenmorde sind politisch – auch in Deutschland

06.12.2019, Podcast „Scharf mit alles"

Neulich erschien in der *ZEIT* eine Recherche von Elisabeth Raether und Michael Schlegel[19] zu Frauenmorden, die innerhalb heterosexueller romantischer Beziehungen passieren – in Deutschland. Sie dokumentierten 122 Fälle aus dem statistischen Jahr 2018. Bei Frauenmorden ist es wichtig, auch die sogenannten „Beziehungstaten" zu dokumentieren. Allerdings reicht das nicht aus, denn nicht alle tödliche Gewalttaten gegen Frauen geschehen innerhalb von solchen Beziehungen. Laut BKA wurden 2018 insgesamt 340 Frauen durch Mord, Totschlag und Tötung auf Verlangen ums Leben gebracht.[20] Es ist ein weltweites Phänomen: Laut einer UN-Studie wurden im Jahr 2017 weltweit 87.000 Frauen getötet, 50.000 davon von ihren Männern oder Familienmitgliedern. Die Europäische Union stellt jedes Jahr 500 Millionen Euro für die Initiative Spotlight zur Verfügung. Hierbei handelt es sich um ein Projekt, das die Gleichstellung der Geschlechter in Drittstaaten fördern soll, das heißt außerhalb der Europäischen Union. Es geht um Länder in Afrika, Asien, im Mittleren Osten, Lateinamerika und in der Pazifik- und Karibikregion. Deutschland ist einer der größten Träger dieses Projekts. In Deutschland selbst werden Frauenmorde allerdings nicht unter dem Begriff Frauenmorde oder Femizid gefasst. Die wahre Dimension von tödlicher Gewalt gegen Frauen wird dadurch verhüllt, die Strukturen, die sich dahinter verbergen, werden unsichtbar, und die Bekämpfung wird schwieriger. Wenn es also um Entwicklungshilfe von oben herab geht, ist Deutschland bereit, viel Geld auszugeben und Ressourcen zur Verfügung zu stellen.

---

19 https://www.zeit.de/2019/51/frauenmorde-gewalt-partnerschaft-bundeskriminalamt (abgerufen am 10.04.2020)

20 https://www.bka.de/DE/AktuelleInformationen/StatistikenLagebilder/PolizeilicheKriminalstatistik/PKS2018/InteraktiveKarten/03MordTotschlagToetungAufVerlangen/03_MordTotschlagToetungAufVerlangen_node.html (abgerufen am 10.04.2020)

Wenn es darum geht, vor der eigenen Tür zu kehren, wird's schwieriger.

Was wir über die Situation in Deutschland bisher wissen: 340 Tötungsdelikte gegen Frauen alleine im Jahr 2018, d.h. fast jeden Tag wurde hierzulande eine Frau getötet. Fast jeder dritte Täter ist entweder bereits in einem romantischen Verhältnis mit dem Opfer, oder war es in der Vergangenheit. Jährlich erleben knapp 140.000 Menschen Gewalt in der Partnerschaft und 82 Prozent der Opfer sind Frauen. Diese Zahlen gehen aus der Statistik des Bundeskriminalamtes aus dem Jahr 2018 hervor.

Die Dunkelziffer der Gewalt in Partnerschaften ist hoch. Familienministerin Franziska Giffey geht davon aus, dass nur 20 Prozent der Betroffenen sich Hilfe suchen und so in Statistiken auftauchen.

Was definiert man als „Frauenmord", was hat das vermeintliche Geschlecht mit Mord zu tun?

Wenn eine Frau getötet wird, weil sie Frau ist, nennt man das ein Frauenmord bzw. Femizid. Femizide werden auch Feminizide genannt, weil der Begriff Femizid von der Genozidforschung problematisiert wird. Er verharmlose Genozide. Ich bleibe bei dem Begriff: Frauenmorde.

Was bedeutet, dass eine Frau getötet wird, weil sie Frau ist? Inwiefern könnte ein Tötungsdelikt mit dem vermeintlichen Geschlecht des Opfers in Verbindung stehen? Die Ursache liegt in den gesellschaftlichen Strukturen, die insgesamt Angriffe bzw. Gewalt gegen Frauen begünstigen, cis sowie trans.

Wir alle wachsen in sexistischen Gesellschaften auf, und dadurch werden wir alle sexistisch sozialisiert. Das bedeutet, dass bestimmten Geschlechtern gewisse Eigenschaften zugeschrieben werden, die schließlich zur Diskriminierung dieser führen. Diskriminierung hat unterschiedliche Gesichter, taucht je nach Zusammenhang unterschiedlich auf. Eine wichtige Kausalität, die daraus entsteht, ist beispielsweise, dass feminin kodierte Berufe wie in der Pflege oder dem Service unterbezahlt werden. Wiederum entscheiden sich viele Frauen eben für diese feminin kodierten Berufe aufgrund der tief verwurzelten Geschlechterrollen, und daraus entsteht ein Teufelskreis der Benachteiligung.

Die Geschlechterrollen teilen Menschen in Männer und Frauen

unter zwei klar getrennten Kategorien auf. Das heißt, dieses System ist binär und schließt jene aus, die sich nicht eindeutig oder überhaupt als Frau oder Mann identifizieren. Dieses binäre Geschlechtersystem schreibt Geschlechtern klare Eigenschaften und Rollen sowie Pflichten zu. Demnach können Frauen von Natur aus die sich immer wiederholende Arbeit von Haushalt, Pflege der Kinder, Kranken und Älteren u.v.m. meisterhaft erledigen. Also die sogenannte reproduktive Arbeit. Sie können es einfach, weil sie Frauen sind. Zudem werden Frauen Fähigkeiten zugeschrieben wie zum Beispiel Empathie- und Harmoniefähigkeit, sodass sie angeblich per Geburt ein Talent darin haben, schwierige Situationen zu bewältigen und zwischen Konfliktparteien moderieren zu können.

Währenddessen werden Männern eher Härte und Aggression zugeschrieben, und die Unfähigkeit, sich um Haushalt oder andere Menschen zu kümmern, oder Zugang zu ihren eigenen Gefühlen zu haben. Während beispielsweise Gewalttätigkeit oder die Neigung zu Konkurrenz bei Männern eher positiv bewertet werden (oder höchstens mit Nachsicht), werden andere Eigenschaften wie der Zugang zu ihren Gefühlen oder über diese sprechen zu können, und die Fähigkeit zur Selbstreflexion als unmännlich betrachtet. Ihnen wird also die Männlichkeit abgesprochen, was zu Ausschlüssen führen kann. Das heißt: Diese toxischen Eigenschaften, die Männer ja haben müssen, die nur natürlich sein sollen, sind nicht nur für alle anderen, sondern auch für Männer schädlich. Dieses Verständnis der Männlichkeit nennt man „toxische Männlichkeit".

Die Eigenschaften der Geschlechter werden in der Regel biologisch bzw. biologistisch begründet. Das heißt es wird behauptet, dass unsere Genitalien, Chromosomen und Hormone unseren Charakter bestimmen. Diese Einstellung sorgt dafür, dass Verhaltensweisen, die als männlich kodiert sind, als von der Natur gegeben betrachtet werden, u.a. Gewalttätigkeit. Der gesellschaftliche Aspekt bzw. die Tatsache, dass bestimmte Verhaltensweisen nur bestimmten Kindern gelehrt und nur bei diesen belohnt und andersherum bestraft werden, wird ausgeblendet.

Diese Erziehung muss nicht einmal zwingend dem Erziehungsstil der Elternteile entsprechen. Sobald das Kind das Kindergarten-

oder Schulalter erreicht und beginnt, Kinderbücher und später Jugendromane zu lesen und irgendwelche Serien und Filme im Fernsehen oder Netz zu konsumieren, oder einfach nur drei Mal die Woche die *tagesschau* guckt und mitbekommt, dass es überwiegend Männer sind, die die wichtigen Entscheidungen treffen oder die Welt retten, wird auch sein Weltbild geprägt.

Wenn wir davon ausgehen, dass Menschen aufgrund ihrer Körper mit gewissen Charaktereigenschaften auf die Welt kommen, die unveränderbar seien, gehen wir davon aus, dass Mörder*innen als Mörder*innen und Nazis als Nazis auf die Welt kommen. Gelernte Verhaltensweisen auf diese Weise zum Schicksal, das quasi in unseren Genen verankert sei, zu erklären, ist nicht nur gequirlter Unsinn, sondern steht auch den Bestrebungen nach Gleichberechtigung im Wege.

Zurück zu den Rollen, die Frauen zugeschrieben werden: Zum Beispiel wird Einfühlsamkeit bei Frauen als positive und von Natur gegebene Eigenschaft betrachtet. Diese wird mit der Fähigkeit, gebären zu können, begründet. Passt eine Frau nicht in dieser Rolle, und hat andere Prioritäten im Leben, außer sich um andere zu kümmern, wird sie je nachdem als machtgierig oder Rabenmutter abgewertet, die der Frauenrolle nicht gerecht werden könne.

Frauen sind also von Natur aus einfühlsam und liebevoll und Männer hart, konkurrenzlustig, emotionslos und gar gewalttätig: Dieses Verständnis ist im Kern die Ursache von Frauenmorden. Es begünstigt und rechtfertigt die Abwertung von Frauen, die bestimmte Eigenschaften haben (oder eben nicht haben). Die Abwertung kann immer unterschiedlich begründet werden. Wer eine Ausrede sucht, um eine Frau abzuwerten und anzugreifen, wird fündig.

Zu der gesellschaftlichen Abwertung von Frauen kommen männliche Besitzansprüche, also die Tatsache, dass die Frau als Eigentum des Mannes betrachtet wird. Daraus entstehen Praktiken wie zum Beispiel, dass Frauen nach der Eheschließung bis heute überwiegend den Nachnamen des Mannes annehmen. Es stammt aus der Idee heraus, dass die Frau ab dem Zeitpunkt der Eheschließung der Familie des Mannes angehört. Ihre eigene Familienlinie, also die, in die sie hineingeboren wurde, hört da auf, wo sie sich in eine andere Familie begibt: die des Mannes. Später bekommen auch die Kinder den Nachnamen des Familienvaters.

Wenn mehrere Aspekte toxischer Männlichkeit gleichzeitig auftauchen, werden die Folgen umso schwerer. Das Besitzverständnis in romantischen heterosexuellen Beziehungen geht oft mit Konkurrenz einher. In der oben erwähnten *ZEIT*-Dokumentation begründen die Männer ihre Tat – also das Leben der Ehefrau, Ex-Ehefrau, aktuellen oder früheren Partnerin genommen zu haben – überwiegend mit Verlust: sie hat sich getrennt, wollte sich trennen, ist eine Beziehung mit einer anderen Person eingegangen oder wollte eine eingehen. Zum Beispiel erzählt einer der Täter, er habe den Verdacht, dass die Frau ein Verhältnis zu ihrem Fahrlehrer habe. Er tötet sie und dann sendet er dem Fahrlehrer eine Nachricht aus ihrem Telefon: „Schachmatt. Arschloch." Hier wird deutlich, dass er denkt, dass es ein Kampf zwischen zwei Männern sei, wer die Frau „haben" soll. Es geht darum, wer gewinnt. Da er die Frau getötet hat, kann der Fahrlehrer nur verloren haben, daher: „Schachmatt."

Frauenmorde sind auch ein durchaus deutsches Problem. Diese Tatsache zu verleugnen wird zwar jeden Tag schwieriger, allerdings deckt die Berichterstattung das Thema nicht ausreichend ab. Überregionale Medien berichten in der Regel von Fällen, die entweder einen Sensationseffekt haben, oder wenn der Täter nicht als weiß und Deutsch gelesen wird. Oft wird versucht, mit dem Stichwort „Ehrenmord" von dem Problem abzulenken bzw. das Tötungsdelikt zu ethnisieren oder zu kulturalisieren. Was mit Ehrenmord gemeint ist, ist allerdings nichts anderes als die Tötung bzw. der Mord an Frauen aufgrund des männlichen Besitzverständnisses.

Wenn man beispielsweise in den sozialen Netzwerken auf diese Tatsache hinweist, widersprechen Nationalist*innen vehement. Die sogenannten „Ehrenmorde" seien viel anders als die sogenannten „Beziehungstaten", weil der Täter nicht der Vater oder ein anderer Mann aus der eigenen Familie der Frau ist, sondern lediglich ihr (Ex-)Partner. Dass die Täter in den sogenannten „Beziehungstaten" allerdings einer anderen Person ein Bruder oder Vater sein könnte, und welchen Unterschied das macht, wird nicht weiter beleuchtet.

Nicht nur der Besitzanspruch in heteronormativen Verhältnissen führt zu Frauenmorden. Ein weiteres Motiv ist der finanzielle Aspekt.

Wie oben ausgeführt, kann Frauen Machtgier vorgeworfen werden, sobald sie ihre Karrieren vorziehen, während das cis Männern nicht vorgehalten wird, weil Ehrgeiz männlich kodiert wird. Das führt dazu, dass Frauen mit Fokus auf ihre Karriere soziale Ausschlüsse erleben können. Nach diesem System sind cis Männer quasi die Hauptenährer, deren Beschäftigung wichtiger sei als die der Frau. Heute führt dieses Verständnis dazu, dass heterosexuelle cis Männer ein Problem damit haben können, wenn ihre Partnerinnen mehr Geld verdienen als sie. Ebenso zum Problem kann es werden, wenn der cis Mann einen Status- bzw. Vermögenverlust erleidet. Das kann zu Konflikten innerhalb der Beziehung und in schweren Fällen sogar zu Tötungsdelikten führen, wie zum Beispiel in dem Fallnummer 101 in dem *ZEIT*-Bericht. Ein 77-jähriger Mann tötet seine Frau und gibt vor Gericht an, er sei aufgrund der finanziellen Probleme verzweifelt gewesen. Der genaue Wortlaut: „Er leide unter Spielsucht, habe seit Monaten keine Miete mehr bezahlt und fürchte, seinen Job zu verlieren, weil er sich aus der Firmenkasse bedient habe. Er habe seine Frau vor dem ganzen Ausmaß dieser Schwierigkeiten bewahren wollen."

Auch hier sehen wir den Besitzanspruch, dass der Mann die Frau sozusagen als Teil seines Körpers betrachtet. Anstatt dass sie „Schwierigkeiten" hat, soll sie von seiner Hand sterben.

Es ist mehr als ein Einzelfall: 2018 tötete ein Mann in Dresden seine Frau, als Grund gab er seine Schulden an. Er habe sie verschonen wollen. 2008 tötete ein anderer Mann seine Frau in Ittenbach bei Königswinter, die Tat konnte erst 2013 enthüllt werden. Er hatte die Leiche so lange im Keller vergraben. In einer Reportage in der *Süddeutschen Zeitung*[21] wird ausführlich erklärt, dass die Finanzlage der Familie schlecht war und es der Frau wichtig gewesen sei, Geld auszugeben. 2010 tötete ein Mann aus Halle seine Frau, weil diese nicht gut mit Geld umgehen könne. Laut einer Meldung, die 2002 in dem Magazin *Der Spiegel* erschien, tötete ein Mann seine Frau, weil sie 200.000 D-Mark aus der Kasse des gemeinsamen Unternehmens genommen habe, die er zurückverlangt hatte, um

---

21 https://sz-magazin.sueddeutsche.de/familie/papa-warum-hast-du-mama-umge-bracht-81058 (abgerufen am 08.04.2020)

Schulden zu begleichen. Dies sind nur ein paar Beispiele.

Frauenmorde zu dokumentieren ist existenziell wichtig, und „existenziell" ist hier wortwörtlich gemeint, denn Frauen sterben. Und nur wenn wir wissen, welche Strukturen sich hinter diesen Morden verbergen, können Schutz- und Präventionsmaßnahmen ergriffen werden.

Die Strukturen dahinter sind entscheidend, wenn man mehr darüber erfahren möchte, wie Frauenmorde gesellschaftlich und politisch eingeordnet werden müssen.

Die Dokumentation von Frauenmorden wird in der Türkei seit mehreren Jahren durchgeführt, allerdings nicht durch den Staat, sondern von feministischen Verbänden und Journalist*innen. In der Türkei wurden 2018 knapp über 400 Frauen von Männern getötet. Es handelt sich dabei nicht nur um die sogenannten „Beziehungstaten", sondern um alle Tötungsdelikte an Frauen, die mit einer Diskriminierung aufgrund des Geschlechts zusammenhängen. Seit die AKP 2002 an die Macht gekommen ist, so feministische und juristische Verbände der Türkei, habe sich die Zahl der Frauenmorde um fast 400 Prozent erhöht.

Die Begründungen, die die Täter in der Türkei vor Gericht angeben, unterscheiden sich kaum von denen in Deutschland: Trennung ist eine häufige Ausrede, Eifersucht ebenso. Allerdings führen solche Begründungen vor türkischen Gerichten nicht selten zu Strafminderungen und manchmal sogar zur Straflosigkeit. Zum Beispiel wenn das Opfer besonders marginalisiert ist, wenn sie zum Beispiel eine Sexarbeiterin und/oder eine trans Frau ist.

Man kann also davon ausgehen, dass die türkischen Richter die Täterbegründungen, dass die Frau durch Trennung oder Affäre die männliche Ehre des Täters verletzt habe, nachvollziehbar finden. Bei trans Frauen kann die Ausrede transfeindlich sein, indem ihnen die Identität abgesprochen wird und sie zu Männern in Frauenkleidung erklärt werden: „Ich dachte es wäre eine Frau. Als ich sah, dass das ein Mann ist, habe ich die Kontrolle verloren," hieß es 2013 vor einem Istanbuler Gericht. Ein cis Mann hatte eine trans Sexarbeiterin getötet und erhielt eine Strafminderung von dem Richter. Man kann also die Urteile im Sinne der Täter damit begründen, dass auch Richter sexistisch und frauen- und transfeindlich denken, weil auch sie ein Produkt ebenjener sexistischen und frauen- und transfeindlichen Gesellschaften sind, in denen jeden Tag Frauen getötet werden. Wie viele Jahre diese studiert haben, spielt dabei keine Rolle. Wenn die Täter durch das Verständnis der Richter mildere Strafen bekommen, nennen das türkische Feminist*innen männliche Gerechtigkeit und Männlichkeitsminderung. Ist das in Deutschland sehr viel anders?

2008 entschied der Bundesgerichtshof, dass ein niederer Beweggrund als Mordmotiv anzuzweifeln sei, wenn ein Mann eine Frau wegen einer Trennung tötet. Genauer heißt es: Er sei anzuzweifeln, „wenn die Trennung von dem Tatopfer ausgeht und der Angeklagte durch die Tat sich dessen beraubt, was er eigentlich nicht verlieren will." Bei den sogenannten „Ehrenmorden" wird Mord aus niederen Gründen hingegen angenommen. Im Gegensatz zu weißen Tätern genießen die ethnisierten Täter keinen Schutz.

Hierbei geht es nicht darum, dass nicht-weiße Täter milder behandelt werden sollen. Es geht darum, dass Frauenmorde je nach vermeintlicher Herkunft der Täter unterschiedlich verurteilt werden. Die Justiz kann sich also auch in Deutschland in den Täter hineinversetzen, allerdings nur, solange der Täter aus der Mitte der Mehrheitsgesellschaft stammt. Das Verständnis für den Täter, dass er ja irgendwo auch ein Opfer seiner Taten sei, das dadurch etwas verloren habe, was er nicht verlieren will, ist genau das, was Feminist*innen in der Türkei mit „männlicher Gerechtigkeit" meinen. Aus Mord wird Totschlag, aus dem Täter wird ein Opfer.

Sich von der tödlichen Gewalt gegen Frauen zu distanzieren, sie zum Problem anderer Länder und anderer Gesellschaften zu erklären, Frauenmorde als „Ehrenmorde" zu ethnisieren, mit Kultur oder Religion zu begründen, die angeblich nichts mit Deutschland zu tun haben, ist nicht nur sehr einfach und faul, sondern auch äußerst rassistisch. Alle Gesellschaften sind von dem Problem betroffen, die Zahlen und Dokumentationen belegen, dass auch Deutschland ein ganz großes Problem mit toxischer Männlichkeit und Gewalt gegen Frauen hat. Um das zu sehen, reicht ein Blick in die Fälle völlig aus, sie unterscheiden sich hierzulande und woanders kaum voneinander. Die Muster und das System sind gleich.

In vielen Fällen ist der Tag, an dem die Frau ihres Lebens beraubt wird, nicht das erste Mal, das sie Gewalt erlebt. Gewalt beginnt in der Regel mit kleineren Angriffen und wird immer schlimmer, bis sie beim Tod der Frau endet. Deutschland muss endlich erkennen, welche Dimension Gewalt gegen Frauen in diesem Land hat, und die Fälle genauer dokumentieren, und zwar so, dass auch die Strukturen, die sich dahinter verbergen, erkennbar werden. Ganz unabhängig davon, was für ein Verhältnis Täter und Opfer zueinander haben bzw. hatten und welche vermeintliche Herkunft die Täter haben.

Gewalt gegen Frauen ist ein strukturelles Problem, und solange die Politik ein Auge zudrückt, anstatt Frauenmorde als solche zu erkennen, zu dokumentieren und daraus Schutz- und Präventionsmaßnahmen zu entwickeln, bleiben sie auch politisch, weil sie politisch begünstigt werden.

Männer pauschalisieren

25.10.2019, Podcast „Scharf mit alles"

Ich wohne in Leipzig und arbeite in Berlin. Das heißt, ich pendele oft. Ich fahre also immer, wenn ich arbeiten muss, mit dem Zug. Da ich einen Bürojob habe, muss ich eben im Berufsverkehr fahren. Das heißt die Züge, die ich nehme, sind oft rappelvoll.

Vor ein paar Wochen bin ich wieder in einen solchen vollen Zug gestiegen. Im Flur waren vor und hinter mir viele Menschen, die sich einen Sitzplatz gesucht haben. Als ich gesehen habe, dass ein Mann den Sitzplatz neben sich mit Taschen vollgestellt hatte, habe ich ihn gefragt, ob da jemand sitze. Natürlich wusste ich, dass da niemand sitzt, denn da saßen ja seine Taschen. Das ist also die höfliche, oder je nachdem wie man es interpretieren möchte, passiv-aggressive Art und Weise, zu sagen: „Bitte befreien Sie den Sitzplatz von Ihren Taschen, damit ich mich da hinsetzen kann."

Er fing dann an, seine Sachen wegzulegen, aber die Person hinter mir war nicht geduldig. Diese kam immer näher, obwohl sie mitbekommen hat, dass ich stehen bleibe, weil gerade ein Sitzplatz für mich freigeräumt wird. Ich drehte mich dann um und fragte, ob ich sie durchlassen soll. Der Mann wiederum, der den Sitzplatz vollgestellt hatte und gerade freiräumt, sagte: „Ist ja gut, ich bin ja dabei, meine Fresse."

Endlich war der Sitzplatz frei und ich konnte mich hinsetzen. Alle hinter mir konnten sich weiter bewegen auf der Suche nach einem Sitzplatz in dem vollen Zug. Der neben mir sagte mir dann plötzlich: „Ein Dankeschön wäre angebracht."

Ich dachte mir: „Hä, was ist denn hier los? Warum soll ich mich jetzt plötzlich bedanken für etwas, was der Typ eh machen muss?"

Er hätte von vornherein keinen zweiten Sitzplatz für sich in Anspruch nehmen dürfen. Er hat doch *eine* Fahrkarte und mit der kann er sich *einen* Sitzplatz nehmen, das war's. Es ist klar, dass er den zweiten Sitzplatz, wo quasi seine Taschen sitzen, frei macht, wenn sich jemand da hinsetzen möchte. Warum soll ich mich dafür bedanken, dass er etwas macht, was er machen muss? Als hätte er mir einen Gefallen getan! Er behebt seinen eigenen Fehler und erwartet Dankbarkeit, obwohl das selbstverständlich ist. Aber fürs Selbstverständliche Dankbarkeit erwarten nicht wenige cis Männer. Es gibt typische Situationen, in denen das auffällig oft passiert. Zum Beispiel, wenn Frauen und andere, die von Sexismus betroffen sind, mit cis Männern über ihre Erfahrungen mit sexueller Belästigung oder andere Erscheinungsformen von Sexismus sprechen. Dann zeigen sich cis Männer oft beleidigt. Häufig ist die erste Reaktion: „Nicht alle Männer sind gleich. Nicht alle Männer belästigen. Nicht alle Männer sind sexistische, frauenfeindliche Schweine."

Und ja, das stimmt. Dennoch müssen wir uns immer wieder daran erinnern, dass wir alle in Gesellschaften aufwachsen, in denen Sexismus und überholte Geschlechterrollen tief verwurzelt sind. Daher werden wir alle sexistisch sozialisiert. Diese Geschlechterrollen werden auch in den Medien und in anderen Lebensbereichen reproduziert. Das heißt, die Medien, die wir konsumieren, die Bilder, die wir sehen, die Witze, die uns zum Lachen bringen, die Filme, die wir schauen, die Rollen, mit denen wir erzogen werden, sind sexistisch. Oft sind diese auch binär, das heißt, es gibt dem gängigen Weltbild zufolge nur Frauen und Männer. Alles, was darüber hinaus geht, bleibt außerhalb dieser Norm. Wir alle verinnerlichen das. Aber nicht alle profitieren davon. Diese erste Reaktion von cis Männern, sagen zu müssen, dass nicht alle Männer gleich seien, hat meiner Meinung nach zwei Ursachen: Zum einen haben sie das Bedürfnis, sich irgendwo anders zu platzieren – weit weg von dem Problem, zum anderen möchten sie vom Thema ablenken, weil sie sich nicht mit dem Problem oder der Lösung auseinandersetzen möchten.

Viele cis Männer, auch wenn sie sich bis dato nicht mit stereotypen Geschlechterrollen auseinandergesetzt haben, möchten es nicht einsehen, Teil des Problems zu sein. Sie möchten mit der Aussage, dass nicht alle Männer gleich seien, signalisieren, dass sie selber nicht Teil des Problems, sondern Teil der Lösung seien. So einfach geht das aber nicht.

„Nicht alle Männer" ist eine Standardantwort, ein Totschlagargument gegen jene, die versuchen, über Sexismus oder sexualisierte Gewalt zu sprechen. Bei der Aussage wirkt es so, als ginge es um den Wunsch, Männer nicht als Gruppe zu betrachten, sondern als Individuen – aber im Kern geht es nicht darum. Es geht darum, von dem Problem abzulenken. Außerdem sollten Männer als Gruppe behandelt werden, denn übergriffiges Verhalten hat mit Männlichkeitsbildern zu tun. Und über Männlichkeit können wir nicht diskutieren, wenn wir das Problem individualisieren.

Die Aussage, dass nicht alle Männer gleich seien, stimmt zwar, ist aber irrelevant. Außerdem ist sie unangebracht den Betroffenen gegenüber, weil es nicht mehr um die Gewalterfahrungen gehen kann. Was hilft es einer betroffenen Person zu wissen, dass nicht alle Männer so sind? Soll sie das etwa trösten? Die Aussage macht jedes Gespräch und jede Diskussion unmöglich. Sobald cis Männer sagen „nicht alle Männer", geht es nur noch darum, ob es wirklich um alle Männer gehe. Es geht nicht mehr um die Sache, es kann nicht mehr über das Wesentliche gesprochen werden. So weisen cis Männer das Thema reflexartig von sich.

Es geht also einerseits um Ablenkung von dem Thema, andererseits aber auch darum, dass Männer es oft nicht ertragen können, dass andere die Machtverhältnisse zu definieren und zu verändern versuchen. Die Benennung eines Problems ist der erste Schritt zur Lösung. Wenn aber andere anfangen das Problem zu benennen, bedeutet das einen Machtverlust für viele cis Männer. Darin besteht das Dilemma. Deshalb behaupten viele cis Männer verstärkt seit der #MeToo-Bewegung, nicht mehr mitsprechen zu dürfen. Das tun sie aber, während sie mitsprechen, teilweise sogar während sie die Diskurse dominieren, indem sie zum Beispiel ihre Artikel bei den auflagestärksten deutschen Medien unterbringen. Sie wollen bestimmen, was als Problem gelten und wie dessen Lösung aussehen darf.

Ende 2017, nachdem die #MeToo-Bewegung in den USA losgetreten wurde[22] , gab der Schauspieler Matt Damon *Business*

---

22 Die ursprüngliche MeToo-Bewegung wurde viel früher als der Tweet der Schauspielerin Alyssa Milano vom 15.10.2017 ins Leben gerufen. Gegründet wurde sie 2006 von der Schwarzen US-Aktivistin Tarana Burke auf Myspace. Das Ziel dieser Kampagne war, Schwarzen Amerikanerinnen, die sexualisierter Gewalt ausgesetzt wurden, zu zeigen, dass sie nicht alleine sind. Auch ich habe das erst viel später erfahren und mir war lange nicht klar, wie der Ursprung dieser Bewegung von weißen Schauspielerinnen um #MeToo konsequent unsichtbar gemacht wurde. Transparenzhalber ändere ich die Stelle im Text nicht, denn das war damals mein Kenntnisstand.

Insider ein Interview, in dem er darüber klagte, dass nicht genug über Männer gesprochen werde, die nicht belästigen. Diese Klage ist ein Ausdruck seines Bedürfnisses, für das Selbstverständliche gelobt zu werden. So wie mein Nachbar im Zug, dem ich übrigens nicht danke gesagt habe. Warum auch.

Die Behauptung, dass wir nicht genug über Männer sprechen, die nicht belästigen, ist übrigens Unsinn. In jeder Debatte über sexualisierte Gewalt gegen Frauen wird ausführlich über Männer gesprochen, die es so schlimm finden, verallgemeinert zu werden. Unter Generalverdacht zu stehen sei unerträglich. Ich weiß nicht, was schwerer wiegt: Dein ganzes Leben lang eine Zielscheibe für Angriffe, übergriffige Kommentare, körperliche Grenzüberschreitungen und Gewalt zu sein, oder unter Generalverdacht zu stehen. Jedenfalls geht es nicht mehr um die Sache, auf diese Weise lenken cis Männer erfolgreich vom Thema ab.

„Nicht alle Männer" lenkt vom Thema ab und „wir sprechen nicht genug über Männer, die nicht belästigen," erwartet Dankbarkeit für das Selbstverständliche. Diese zwei Reaktionen hängen eng zusammen.

Der cis Mann, der sagt „nicht alle Männer", fordert mit dem Kommentar, dass du erkennst, dass er nicht so ist wie der Protagonist in deiner Geschichte. Anstatt einfach über ein strukturelles Problem zu sprechen, möchte er zuerst die Anerkennung von dir bekommen, etwas Anderes, etwas Besseres, etwas Besonderes zu sein. Dementsprechend möchte er auch behandelt werden. Er positioniert sich woanders, irgendwo ganz weit weg von anderen Männern, und fordert von dir ein, dass du das einsiehst, bevor ihr eine Diskussion übers Problem führen könnt. Die Voraussetzung des Austauschs über ein gesellschaftliches Problem ist, dass er von vornherein von dem problematischen Verhalten freigesprochen wird. Er möchte sich wohlfühlen und es ist *deine* Pflicht, dafür zu sorgen. Er ist sich zwar nicht zu schade, darüber zu reden, dass die Gruppe, zu der auch er gehört, sich

---

Mir ist wichtig, das nicht unkommentiert stehen zu lassen, aber auch nicht so zu tun, als wüsste ich seit Anfang an Bescheid.

unter Umständen total daneben verhält. Das will er aber nur unter der Voraussetzung machen, dass du ihm bestätigst, dass er ganz toll ist. Er fordert eine Sonderbehandlung, eine Belohnung für seine bloße Existenz. Er möchte auf keinen Fall das Gefühl vermittelt haben, Teil des Problems zu sein. Er möchte nicht verantwortlich für irgendetwas gemacht werden. Am Ende möchte er auch mit der Lösung nichts zu tun haben, er möchte einfach nichts dafür leisten, damit sich die Missstände ändern. Kann zwar sein, dass dir alle paar Monate ein Typ seine Genitalien ungefragt gegen den Körper reibt, ist natürlich ganz blöd für dich. Aber verallgemeinert zu werden – das ist schlimmer.

Wisst ihr aber, was das Schlimmste ist? Wenn ein strukturelles Problem individualisiert wird, indem Individuen einfordern, von dem problematischen Verhalten ihrer Gruppe freigesprochen zu werden. Das macht eine Diskussion auf Augenhöhe einfach unmöglich.

Erst wenn alle cis Männer Verantwortung übernehmen, können wir über die Ursache, nämlich das, was wir unter Männlichkeit verstehen, diskutieren. Und wir müssen darüber diskutieren. Wenn wir das Problem verschweigen, können wir es auch nicht lösen. Wenn wir alle cis Männer als verantwortlich ansehen, können wir sehen, dass es nicht um einzelne Männer geht, sondern um ein Gesamtproblem. Kein cis Mann kommt gewalttätig auf die Welt. Kein cis Mann, der zum Beispiel seine Ex-Frau ermordet, kommt als Mörder auf die Welt. Er wird zum Mörder gemacht, und zwar von einem System, das ihm Gewalttätigkeit verzeiht, sie verharmlost und ihn mit Ausreden ausstattet. Um dieses System sichtbar machen zu können, müssen wir davon ausgehen, dass alle männlich sozialisierten Männer – also die, die als Männer erzogen werden und das sind mehrheitlich cis Männer – Teil des Problems sind. Also dass alle cis Männer toxisch und gefährlich sind.

Denn es geht nicht nur um die extremen Beispiele wie jene cis Männer, die schlagen und töten. Es geht darüber hinaus. Jeder cis Mann, der die Ideen von anderen belächelt, sie nicht ernst nimmt, ihnen nicht zuhört, sie respektlos behandelt, ist Teil dieses Problems. Jeder cis Mann, der auf der Straße miterlebt, wie jemand von einem anderen cis Mann belästigt wird, und nichts sagt, sich nicht einmischt oder sogar sagt, dass die betroffene Person die Belästigung als Kompliment nehmen solle, ist Teil des Problems. Jeder cis Mann, der lieber mit anderen cis Männern arbeiten möchte, weil alle anderen ja zu kompliziert seien, ist Teil des Problems. Alle cis Männer, die nur Werke von cis männlichen Autoren lesen, nur Filme von cis männlichen Regisseuren schauen, nur die Musik von cis männlichen Musikern hören, sind Teil des Problems. Jeder cis Mann, der lieber andere cis Männer fördert und befördert als andere Menschen, ist Teil des Problems.

Am 2.10.2018 schrieb ich in meiner Online-Kolumne von *Missy Magazine*, dass sich Männer, die sich nicht als Teil des Problems sehen, einmischen müssen, wenn sie übergriffiges oder gewalttätiges Verhalten anderer Männer mitbekommen. Männer, die sich nicht als Teil des Problems sehen, bleiben bisher in meisten Fällen schön clever, faul und leise. So bleiben sie aber auch Teil des Problems, weil schweigen Zustimmung bedeutet. Schweigen ist de facto Toleranz. Ob es um Sexismus geht oder um Transfeindlichkeit, Transmisogynie, Behindertenfeindlichkeit, Antisemitismus, Rassismus, Antiziganismus oder andere Diskriminierungen – die Liste ist nicht vollständig. Wer sich nicht sichtbar und hörbar mit den betroffenen Gruppen und Personen solidarisiert, solidarisiert sich automatisch mit den Gruppen und Personen, die diese unterdrücken. Damals gab es empörte Reaktionen von Männern auf meine Kolumne. Einige haben geschrieben, dass gewalttätige Männer auch ihnen gegenüber gewalttätig sein können. Das stimmt. Wenn ich mir einen betrunkenen, herumschreienden Mann nachts in der U-Bahn vorstelle, habe ich auch eher die Tendenz, ihm aus dem Weg zu gehen, anstatt ihn zu konfrontieren. Dieses Szenario aber, auch wenn es real sein kann, kommt selten vor. Was viel öfter passiert sind übergriffige Nähe, eklige Kommentare, unerlaubtes Anfassen von nüchternen und nicht schreienden Männern. Und Männer, die sich nicht als Teil des Problems sehen möchten, sind in diesen Situationen gar nicht so selten anwesend. Sie sind zwar nicht die Begleitung der Person, die belästigt wird, aber sie sind da. Vor dem Kiosk, in der Bahn, auf der Straße, auf der Arbeit: sie sind da, sie sehen das. Anstatt zu intervenieren, sich einzumischen, irgendetwas dagegen zu machen und zum Teil der Lösung zu werden, schauen sie weg. Sie lassen betroffene Personen im Stich.

Und da es die Norm ist, absolut nichts zu machen, werden Männer, die das bare Minimum leisten, öffentlich und groß gefeiert. Und daraus resultiert, dass sie das auch einfordern, wenn es mal nicht passiert. Sie wollen Dankbarkeit, weil sie den Sitzplatz frei machen, den sie gar nicht für sich hätten beanspruchen dürfen. Sie wollen, dass wir groß darüber sprechen, dass es auch Männer gibt, die nicht belästigen. Sie sagen zum Beispiel, dass sie die Straßenseite wechseln, wenn sie nachts den gleichen Weg gehen wie Frauen, um diese nicht zu irritieren. Ja, das ist gut, aber bitte nicht vergessen: die Straßenseite zu wechseln ist keine Persönlichkeit und es ist auch keine Leistung. Es spricht niemanden von Frauenfeindlichkeit frei. Es beweist nicht, dass jene Männer, die mal ausnahmsweise etwas Gutes tun, dann plötzlich unfähig werden, sich irgendwann und irgendwo anders frauenfeindlich zu verhalten.

Liebe cis Männer, hört bitte auf, immer wieder Gründe zu finden, die euch davon freisprechen sollen, diskriminierend handeln zu können. Und alle anderen, hört auf, cis Männer öffentlich zu feiern, wenn sie das bare Minimum leisten.

Es ist gut, dass Männer einfühlsam sind und sich in gewissen Situationen richtig verhalten. Aber ein cis Mann, dem die Dimensionen von Sexismus und Diskriminierung klar sind, fordert kein Lob für die kleinste Geste. Solche cis Männer gibt es nämlich auch. Wir müssen aufhören, einzelne gute Taten von Männern als Zeichen für ihr gesamtes Wesen, ihre Persönlichkeit zu halten und daraus zu schließen, dass sie ab dem Punkt nicht mehr diskriminieren könnten. Dieses Verhalten hält cis Männer davon ab, sich nachhaltig zu ändern. Männer sind es gewöhnt, für ganz wenig Leistung ganz viel Anerkennung zu bekommen. Passiert das nicht, fühlen sie sich zurückgelassen und nicht mitgenommen, unsichtbar gemacht und gar diskriminiert.

Als Gruppe leisten cis Männer einfach viel zu wenig gegen die Unterdrückung anderer Geschlechter. Während sie alle Privilegien genießen, die ihnen per Geburt geschenkt werden, möchten sie nicht damit konfrontiert werden, privilegiert zu sein. Es ist an der Zeit, mit Männern kritischer umzugehen.

Geschminkter Hass

26.11.2019, Missy Magazine

Innerhalb der letzten zehn Jahre bin ich insgesamt neun Mal umgezogen bzw. habe in neun unterschiedlichen Wohnungen gewohnt. Und in meinem Leben habe ich bisher an fünf unterschiedlichen Orten gewohnt, Länder sowie Städte. Das ist nicht sonderlich viel, aber vor allem die vielen Umzüge in meiner Kindheit könnten die Ursache sein, dass es mir heute schwerfällt, Wurzeln zu schlagen. Allerdings ist das nicht das Thema dieser Kolumne. Von einer künstlerisch begabten Person habe ich 2016 zu meinem 31. Geburtstag ein selbstgezeichnetes Porträt von Saddam Hussein bekommen. Ich habe nicht nachgefragt, wieso man einer Kurdin ein Bild gerade jenes Diktators schenkt, der für den Tod Tausender Kurd*innen u.a. durch Giftgaseinsatz verantwortlich ist. Ich war geschockt, aber auf eine ungewohnte Weise: Saddam Hussein war auf dem Bild nämlich geschminkt, trug große Ohrringe und hatte eine Blume im Haar. Er war als Frau dargestellt. Als ich das Bild sah, fing ich an zu lachen. Sicher kennen das viele, dieses hilflose Lachen als Bewältigungsstrategie. Ich hielt das gerahmte Bild in der Hand, habe es der Freundin gezeigt, die neben mir saß, und habe gelacht. Sie lachte nicht und sagte auch nichts.

Das Bild stand eine Weile auf einem Beistelltisch in meinem Zimmer, heute weiß ich nicht, was ich damit machen soll. Seitdem ich es bekommen habe, bin ich vier Mal umgezogen und habe dabei fast jedes Mal die Stadt gewechselt. Das Bild hat jeden Umzug überlebt. Es liegt inzwischen versteckt in einem Regalfach. Ich kann mich aber nicht dazu bringen, es wegzuwerfen, weil ich offenbar einen ungesunden Bezug zu Kunst habe. Oder zu Geschenken. Wer weiß.

Dieses Jahr an meinem Geburtstag sind mein Freund und ich in eine Gin-Bar gegangen, in der man auch fancy essen kann. An den Wänden hingen Porträts von Donald Trump und Kim Jong Un, ebenso geschminkt. Dieses Mal aber lachte ich nicht. Dieses Mal konnte ich artikulieren, was daran falsch ist. Diese Bilder werden gemacht, also verhasste Männer werden in Bildern von Künstlern geschminkt und als Frauen dargestellt, weil, haha, das ja so lustig ist, wenn sich ein Mann schminkt, weil, haha, das machen ja sonst nur Frauen oder queere Leute und, haha, es ist lustig, wenn ein Diktator auf ihr Niveau herabgeholt wird denn, haha, genauso schlimm ist er ja und verdient nichts Besseres.

Es gibt natürlich auch cis Männer, die sich schminken. Die Realität ist aber so, dass Schminke bei cis Männern unter Umständen eher toleriert wird, je nach Milieu, während es bei Frauen die Norm und manchmal gar Pflicht ist. Es gibt Berufe, in denen Schminkpflicht für Frauen gilt, beispielsweise bei Flugbegleiterinnen oder Messe-Hostessen. Diese Pflicht gilt natürlich auch für jene Personen, die auf der Arbeit als Frau auftreten oder eingeordnet werden, jedoch keine sind.

In ihrem Buch *„Trans. Frau. Sein. Aspekte geschlechtlicher Marginalisierung"* (edition assemblage, 2018) erzählt die Autorin Felicia Ewert vom gesellschaftlichen Druck auf transgeschlechtliche Frauen, feminin aufzutreten, weil ihr Geschlecht ständig unter Beweispflicht gestellt wird. Wenn sie gemäß den Wünschen und Vorstellungen der cisgeschlechtlichen Mehrheitsgesellschaft nicht feminin genug auftreten, würde ihnen ihr Geschlecht aberkannt und abgesprochen. Transgeschlechtliche Frauen seien von dieser inoffiziellen Schminkpflicht unter Druck gesetzt, weil man ihnen sonst unterstelle, sie würden es nicht ernst meinen mit dem Frausein. Aber gleichzeitig würden sie von cis Feministinnen und anderen cisgeschlechtlichen Menschen für das Aufrechterhalten der stereotypen Geschlechterrollen verantwortlich gemacht, sobald sie sich schminken und feminin auftreten. Schminke und Kleidung werden missbraucht als Unterdrückungsmechanismen, auch wenn sich die Verwendungsweisen der unterschiedlichen Gruppen unterscheiden können.

Wenn ein verhasster Diktator, der ein cis Mann ist, geschminkt porträtiert wird, und es „lustig" und gar „kritisch" sein soll, dann funktioniert das nur, weil dieser cis Mann durch die Schminke erniedrigt wird. Und diese Erniedrigung wiederum funktioniert nur, weil es in der Regel Frauen sind (und andere, die keine cis Männer sind), die sich schminken (müssen). Diese werden gesellschaftlich cis Männern untergeordnet und als minderwertig betrachtet. Ohne diese Realität funktioniert die Erniedrigung verhasster Diktatoren und Arschlöcher durch Schminke nicht.

Ich ziehe um, hänge das Saddam-Porträt nicht an die Wand. Es liegt in einem Regalfach, weit weg von meinen Augen, aber wegwerfen kann ich es auch nicht. Ich dekoriere mein Zimmer ohne dieses Bild. Ich bin nicht sauer auf die Person, die es mir geschenkt hat. Ich bin sauer auf mich, weil ich damals nicht artikulieren konnte, was daran so schlimm ist, was mich bei dem Bild so irritiert hat. Aber jetzt kann ich es. Zum Glück.

Männer sind Arschlöcher

07.08.2018, Missy Magazine

Der eine ist schön, der andere heiß,
Auch der Süßeste davon beißt.
Denn es ist ein strukturelles Problem,
Dass Männer Arschlöcher sind.

Ich kenne Männer, die sind voll okay,
Aber auch die können so nerven, ey.
Der eine lügt, der andere ist laut,
Gibt nicht mal zu, wenn er Scheiße baut.

Ich habe Kumpels, verliebt war ich auch mal.
Wenn du mich fragst, mach ich's noch mal.
Auch der Netteste profitiert vom Arschlochsein,
Und setzt sich nicht gegen das Patriarchat ein.

Süße nette Männer, die mir zuhören,
Nicken brav zu und sagen: „Ich würd gern lernen."
Mach doch weiter, es dauert nicht lange,
Bis er sagt: „Du gibst zu viel Kante."

Fühlt sich ein Mann von dir bedroht,
Spricht er dir die Erfahrung ab.
Wer von meiner Existenz beleidigt wird,
Dem klatsch ich gern eine rein.

Einzelne Männer sind schon ganz okay,
In Gruppen wird's schwierig.
Denn es hat System und Struktur,
Dass Männer Arschlöcher sind.

Du sagst: „Nicht alle Männer sind gleich."
Ich sage: „Ist das nicht irrelevant vielleicht?"
Denn es ist ein strukturelles Problem,
Und ja, es ist kein individuelles Problem,
Und nein, es geht nicht um Ausnahmen,
Denn es ist ein weltweites Phänomen,
Dass Männer Arschlöcher sind.

Bemerkung: Am 23.07.2018 habe ich getwittert: „Es ist ein strukturelles Problem, dass Männer Arschlöcher sind." Der Shitstorm, der sich durch die Tweets von Personen des öffentlichen Lebens wie Jutta Ditfurth auslöste, entwickelte sich in eine Hasskampagne, infolgedessen ich neben zahlreichen Beleidigungen auch Mord- und Vergewaltigungsdrohungen bekam. Als Reaktion auf diese Hasskampagne schrieb ich dieses Gedicht. Am 15.08.2018 wurde das Hashtag #MenAreTrash auf Twitter gepusht und mir zugeschrieben.

Männer: Mischt euch ein!

02.10.2018, Missy Magazine

Lena, die Schwester meiner Mitbewohnerin, hat sich auf einen Stuhl in unserer Küche gesetzt und eine Packung Kekse aus ihrer Tasche geholt. Als sie die Packung auf den Küchentisch legte, haben meine Mitbewohnerin und ich Begeisterungslaute von uns gegeben. Kekse. Lecker.

„Als ich in den Kiosk lief, hat mich ein Typ blöd angemacht. Ich musste mich ganz schnell entscheiden, welche Kekse ich kaufen möchte, und schnell weg gehen." Als ich auf Twitter von ihrer Erfahrung schrieb, meldete sich ein Freund bei mir: „Männer, die auf der Straße belästigen, sind nur eine laute Minderheit."

Das Problem ist jedoch, dass dem Rest, also dieser angeblich schweigenden Mehrheit der Männer, sexuelle Belästigung einfach egal ist.

Vor dem Kiosk bei mir um die Ecke sitzen inzwischen viele Hipster. Fast jedes Mal, wenn ich einkaufen gehe, werde ich von irgendwelchen Männern belästigt, die da rumstehen. Die Hipster, die das Ganze mitbekommen, ignorieren das konsequent, genauso wie der Kiosk-Besitzer. Lena läuft inzwischen einen Umweg zum Kiosk in ihrem Kiez, um eine bestimmte Straße zu vermeiden, wo sie ständig belästigt wird. Umwege zu laufen oder die Straßenseite zu wechseln, um nicht belästigt zu werden, ist Normalität für Frauen.

Am 26.08.2018 twitterte die Journalistin Şeyda Kurt, dass auch sie einen Umweg läuft, um eine Männertruppe zu vermeiden. Sie berichtet von Belästigung per Körpersprache wie verstörende Blicke, aber auch, dass ihr schon mal Sachen hinterhergerufen wurden. Jetzt hält sie sich fern von dieser Straße, wenn sie keine männliche Begleitung hat.

Ungefähr eine Woche nach Şeydas Tweet bin ich nach Leipzig gefahren, um dort jemanden zu besuchen, einen cis Mann. Eine knappe Woche war ich da, und die Zeit durfte ich ganz ohne sexuelle Belästigung verbringen, denn das passiert nicht, wenn cis Männer dabei sind. Sobald du als Frau gelesen wirst, wirst du von Männern als Kapital der Männerwelt eingeordnet, das unter Männern geteilt werden soll. Hast du einen cis Mann dabei, gehörst du quasi ihm und von anderen wirst du in Ruhe gelassen. Solange Frieden herrscht. Bricht ein Krieg aus, dann bist du *everybody's capital*.

Allerdings bin ich nach dieser einen Woche wieder nach Berlin gefahren und auf dem Weg zwischen der S-Bahn-Haltestelle und meiner Wohnung ganze drei Mal sexuell belästigt worden: zwei Mal verbal und ein Mal körperlich. Ein junger Mann, der mit seinem Fahrrad an mir vorbeifuhr, hat meinen Hintern angefasst. Ich war am Telefon, habe schrille Schreie von mir gegeben: „Verpiss dich, du Arschloch!"

Gleich zu Hause habe ich darüber getwittert, und schon kam ein Mann um die Ecke und hat mir die Erfahrung abgesprochen: „Und wir sollen das einfach glauben?" und schrieb, dass ich mir das ausdenke, „um Artikel zu verkaufen". Bis ich Männer unter meinen Follower*innen dazu aufgerufen habe, etwas dagegen zu unternehmen, standen seine Vorwürfe da unter meiner Belästigungserfahrung zunächst unwidersprochen.

Am 17.09.2018 twitterte die Autorin und Menschenrechtsaktivistin Sara Hassan über ihre Erfahrung mit einem übergriffigen Mann, der sie einfach nicht in Ruhe lassen wollte, obwohl sie ihm mehrfach sagte, dass sie kein Interesse an einer Unterhaltung habe. Der Mann sagte darauf, dass sie ihre Haare anders tragen solle, wenn sie nicht angesprochen werden möchte. Und was passiert? Twitter-Nutzer*innen fangen an, sie zu fragen, wie sie ihre Haare trug. Anstatt übers Verhalten des übergriffigen Mannes zu sprechen, fragen sie lieber, wie sich die betroffene Person verhalten hat. Das ist *victim blaming*, also eine Umkehr des Täter*innen-Opfer-Verhältnisses. Es sorgt dafür, dass die sexuelle Belästigung unter den Teppich gekehrt wird.

Am 16.09.2018 wagte Christine Blasey Ford, eine US-amerikanische Psychologieprofessorin, eine versuchte Vergewaltigung aus 1982 zu enthüllen. Es ging um Brett Kavanaugh, dem Richterkandidaten von Donald Trump, der sie auf einer Party versuchte zu vergewaltigen. Ein paar Tage später twitterte Trump, dass Ford oder ihre Eltern den Fall schon damals gleich gemeldet hätten, wäre es so schlimm gewesen. Als Reaktion auf Trumps Relativierung entstand das Hashtag #WhyIDidntReport (vergleichbar mit #ichhabnichtangezeigt), und Tausende haben ihre Erfahrungen mit sexualisierter Gewalt geteilt, die sie nicht angezeigt haben. Ganz viele berichten von der Angst, dass ihnen niemand glaubt.

Das ist eine berechtigte Angst.

Ganz egal, ob es um verbale Belästigung, Begrapschen oder eine Vergewaltigung geht, lauten die übliche Reaktionen: ignorieren, widersprechen, relativieren, Täter*innen-Opfer-Umkehr. Umso bewundernswerter ist es, wie mutig Christine Blasey Ford einen einflussreichen Mann enthüllte hat, hinter dem der US-Präsident steht. Nicht nur für sich, sondern für alle. Das ist die Bestandsaufnahme der #MeToo-Bewegung nach einem Jahr[23].

Nach der Senatsanhörung von Blasey und Kavanaugh schrieben mir einige Männer auf Twitter, dass ich erklären soll, wieso die Ehefrau von Kavanaugh, Ashley Estes Kavanaugh, an seiner Seite steht und seine Taten zu verdecken hilft. Ein Mann soll versucht haben zu vergewaltigen. Was tun andere Männer? Sie sprechen über alles andere als das Verhalten des Mannes. Der Mann, der versucht haben soll zu vergewaltigen, bleibt verschont und geschützt. Von anderen Männern. Das geht so nicht weiter.

In ihrem Essay „*Wenn Männer mir die Welt erklären*" zieht die Publizistin Rebecca Solnit Parallelen zwischen Ländern wie Saudi Arabien und Iran, in denen Frauen eine Benachteiligung in ihrem Zeugenrecht erleben, und westlichen Ländern, in denen Frauen nicht geglaubt wird, wenn sie von sexualisierter Gewalt berichten, und fügt hinzu: „Glaubwürdigkeit ist ein grundlegendes Überlebenswerkzeug."

Solange Männer instinktiv und kategorisch ausschließen, dass Frauen die Wahrheit erzählen, bleibt der Kampf gegen sexualisierte Gewalt ein Kampf ums Überleben. Solange Männer sich nicht von den entsetzlichen Erfahrungen von Frauen beleidigt fühlen, sondern von Hashtags wie #MenAreTrash, weil sie verallgemeinern würden, bleiben Männer trash. Die Männer und

---

23 Siehe Fußnote 21.

die Männlichkeit sind das Problem, und wer von sich glaubt, nicht Teil dieses Problems zu sein, muss sich einmischen. Laut werden und darüber reden, was andere Männer getan haben, und nicht darüber, inwiefern die betroffenen Personen verantwortlich sein könnten: Nur so werden Männer zum Teil der Lösung.

Die Angst im System

09.04.2019, Missy Magazine

Inhaltswarnung: Dieser Text thematisiert Vergewaltigung

Einst sagte mir ein damaliger Kumpel: „Ihr Frauen könnt nicht aufhören, über Vergewaltigung zu reden, weil ihr angeblich Angst habt. Ich finde, das liegt eher daran, dass ihr darauf steht, davon fantasiert." Damals war ich 18 Jahre alt und habe mich noch nicht als Feministin bezeichnet. Ich habe seine frauenfeindliche Aussage, die Vergewaltigung auf so eine böswillige Weise verharmlost, unkommentiert gelassen. Mir fehlten damals das Vokabular und die Fakten, um dagegen argumentieren zu können. Das bereue ich bis heute. Ja, auch Frauen, die selber nicht vergewaltigt worden sind, sprechen über sexualisierte Gewalt. Viele, die sich Gedanken über sexistische Diskriminierung machen und dazu lesen, erkennen, dass Bedrängen, unerlaubtes Anfassen, Verfolgen und Catcalling (verbal bedrängen) nichts mit Zuneigung zu tun haben, sondern lediglich mit Macht. Vergewaltigung ist unter anderem auch eine Kriegspraxis: Indem Frauen der Gegenseite „befleckt" werden, wird die Moral der feindlichen Soldaten gesenkt. Indem Frauen „besamt" werden, wird die Erde, das Land, auf dem ein Volk lebt, erobert.

Gewalt gegen Frauen und sexualisierte Gewalt sind so häufig und willkürlich, dass es für viele Frauen Alltag ist zu überlegen, wie sie damit umgehen können. Man weiß aus persönlichen Gesprächen mit anderen, dass viele Frauen ihre Strategien entwickelt haben, wie etwa bestimmte Straßen zu vermeiden, die Straßenseite zu wechseln, nachts auf dem Nachhauseweg den Schlüsselbund in der Hand so zu halten, dass er als Waffe genutzt werden kann, falls Selbstverteidigung notwendig sein sollte. Viele kennen den Drang, die Haustür hinter sich zuzudrücken, anstatt sie sorgenfrei von alleine zufallen zu lassen.

Auch die Technik, die Alarmsysteme und Apps entwickelt, die Frauen bei Angriffen dabeihaben und einsetzen sollen, sagt Frauen: „Lernt, mit Gewalt umzugehen. Denn es wird nie aufhören."

Anstatt dass Männer lernen, nicht anzugreifen, sollen sich Frauen Gedanken darüber machen, wie sie gegebenenfalls flüchten oder sich Hilfe holen können. Ganz so, als sei Gewalt unvermeidbar. Bei solchen Erfindungen wird ausgeblendet, dass sexualisierte Gewalt viel öfter in den eigenen vier Wänden stattfindet als draußen.

Vergangenen Mittwoch stellte die Kommission zur Aufarbeitung sexuellen Kindesmissbrauchs ihre ersten Ergebnisse seit ihrer Gründung vor: Im Jahr 2018 wurden 13.683 Kinder Opfer sexuellen Missbrauchs, 2017 lag die Zahl bei 12.850. Mehr als die Hälfte der Übergriffe fand in der Familie statt, 83 Prozent der befragten Betroffenen waren Frauen. Bei Angriffen auf Frauen im Erwachsenenalter sieht die Situation ähnlich aus: Laut polizeilicher Kriminalstatistik wurden 2016 insgesamt 435 Frauen in Deutschland getötet, 163 davon lebten mit dem Täter zusammen in einem Haushalt. Laut einer Studie des Bundesfamilienministeriums aus 2004 fanden über 70 Prozent der Fälle sexualisierter Gewalt in der eigenen Wohnung der betroffenen Frau statt. Den Zahlen der Frauenorganisation *Terre des Femmes* zufolge hat fast jede vierte Frau in Deutschland sexualisierte oder körperliche Gewalt oder beides durch ihren (Ex-)Partner erlebt.

Man weiß, dass Überlebende von Genozid und Verfolgung ihre Traumata an die folgenden Generationen weitergeben. Das Zusammenleben mit traumatisierten Eltern, die Überlebende sind, löst in den Kindern ähnliche Bilder und Symptome aus. Es gibt in der Traumaforschung einen eigenen Zweig, der sich mit den Ursachen beschäftigt. In der Epigenetik spricht man davon, dass Trauma die Regulation der Zellen beeinträchtige und dadurch genetisch vererbbar sei. Die Forscherin Isabelle Mansuy vom Labor für Neuroepigenetik an der ETH Zürich sagt in Anlehnung an ihre Studie mit Mäusen, die als Jungtiere von ihren Müttern getrennt und traumatisiert werden: „Drei Generationen leiden unter den Folgen des Traumas und auch in der vierten finden wir typische Symptome. Wir vermuten, dass die Übertragung über die Keimzellen erfolgt." Genetisch oder durch Zusammenleben – so oder so werden Ängste und Traumata weitergereicht. Von Generation zu Generation. Warum soll das anders sein, wenn es um geschlechtsspezifische Gewalt geht?

Es stimmt, dass viele Frauen oft über sexualisierte Gewalt und Vergewaltigung sprechen, auch wenn sie selber noch nicht betroffen waren. Das liegt daran, dass sie im Gegensatz zu heterosexuellen cis Männern in einer Welt leben, in der Frauen und Mädchen systematisch unterdrückt und Gewalt ausgesetzt werden. Die Welt, in der Frauen aufwachsen, bringt ihnen bei, mit Gewalt umzugehen, sich an Gewalt zu gewöhnen. Da sie vom Kindesalter an mit diesem Bewusstsein erzogen werden, prägt das ihr Selbstverständnis. Die Geschichten von mehreren Generationen prägen also die Frauen von heute, auch wenn diese Geschichten nie erzählt worden sind. Reden hilft. Es macht die Probleme, unter denen sie leiden, hörbar. Es macht den Umgang mit Traumata oder Ängsten leichter.

Manchmal erinnere ich mich an den Spruch meines damaligen Kumpels und frage mich, wie diese Konversation heute gelaufen wäre, was ich ihm wohl sagen würde. Ob er sich heute vorstellen kann, dass er in einer anderen Welt lebt als Frauen, oder ob er noch immer glaubt, dass sie viel über sexualisierte Gewalt sprechen, weil sie sich das insgeheim wünschen? Das werde ich wohl nie herausfinden.

„Mädels, lasst euch nicht vergewaltigen"

07.05.2019, Missy Magazine

CN: Dieser Text thematisiert Vergewaltigung

Wenn du von Frauenfeindlichkeit betroffen bist, ist es schwer, nicht angegriffen zu werden. Bevor du das Haus verlässt, musst du an alles denken, was als Präventionsmaßnahmen gegen sexualisierte Gewalt entwickelt wurde. Wie lautet noch mal das Passwort? Wie heiße ich?

Schon seit Jahren suchen Menschen nach Lösungen, um sexualisierte Gewalt zu verhindern. Bisher wurden BHs entwickelt, die bei Übergriffen Alarm schlagen. Schüler*innen einer High-School in Miami entwickelten 2017 einen Strohhalm, der anzeigt, falls sich K.O.-Tropfen im Getränk befinden. Dieses Jahr entwickelte Kim Eisenmann aus Deutschland ein Armband gegen K.O.-Tropfen. Es war innerhalb kürzester Zeit ausverkauft.

Gegen sexuelle Belästigung werden auch gesellschaftliche Maßnahmen entwickelt. So führte 2017 ein Lokal in Saint Petersburg in Florida ein Alarm-Wort ein. Wenn eine Person belästigt wird, kann sie an der Theke einen Angel shot bestellen und damit signalisieren, dass sie entweder zu ihrem Auto oder zum Uber begleitet werden möchte.

Umsonst ist all das allerdings spätestens dann, wenn der Fahrer Gewalt gegenüber seinen Mitfahrenden ausübt. So vergewaltigte im Dezember vergangenen Jahres ein 34-jähriger Mann in Seattle eine Frau in ihren Zwanzigern. Er gab sich als Uber-Fahrer aus. Auch Samantha Josephson, eine 21-jährige Studentin aus Columbia, South Carolina, stieg in diesem Jahr in einen Wagen, den sie für ihr bestelltes Uber hielt. Der Fahrer tötete sie, schmiss ihren Leichnam auf ein Feld, wo er 14 Stunden später von Jägern entdeckt wurde.

Die Student*innen der South Carolina University, an der Samantha Josephson studiert hatte, riefen daraufhin die Kampagne #WhatsMyName ins Leben, um Sicherheitstipps zu verbreiten, die Fälle wie den von Josephson verhindern sollen. Auf der Website whatsmyname.org wird u.a. empfohlen, den Fahrer vor dem

Einstieg nach dem eigenen Namen zu fragen, um herauszufinden, ob es sich um den bestellten Wagen handelt.

Auch für viele von Frauenfeindlichkeit betroffene Menschen, die mit öffentlichen Verkehrsmitteln fahren, sind sexualisierte Gewalt und sexuelle Belästigung wiederkehrende Probleme. In Ländern wie Indien, Iran, Japan, den Arabischen Emiraten, Ägypten, Indonesien, Brasilien und der Türkei gibt es Busse und Bahnabteile, die nur von Frauen bestiegen werden dürfen. Diese sollen Frauen vor Gewalt und sexueller Belästigung schützen. Das Fahrpersonal, von dem die Gewalt oft ausgeht, ist dennoch fast immer männlich.

2015 tötete ein Busfahrer in der Türkei die 20-jährige Studentin Özgecan Aslan. Nach der Uni stieg Aslan in den Bus nach Hause. Irgendwann war sie mit dem Fahrer allein im Bus. Er hielt den Wagen an, versuchte sie zu vergewaltigen und als sie sich wehrte, tötete er sie. Ihr Mord löste landesweit große Demonstrationen gegen Frauenmorde aus, und gleichzeitig befeuerte er die Diskussionen um die sogenannten pinken Busse, die nur von Frauen bestiegen werden dürfen. Feminist*innen wehrten sich lange gegen den pinken Bus, verhindern konnten sie die Einführung jedoch nicht. Zum einen wiesen sie in der Debatte um die pinken Busse darauf hin, dass Frauen damit aus dem öffentlichen Leben ausgeschlossen werden und gezwungen sind, unter sich zu bleiben. Zum anderen könne so die Annahme entstehen, dass Frauen, die in gemischten Bussen sitzen, belästigt werden möchten, was in einem juristischen Verfahren gegen sie verwendet werden könnte. In einer Welt, in der nach sexuellen Übergriffen gegen Frauen die ersten Fragen „was hatte sie an", „war sie alkoholisiert" und „was hatte sie so spät auf der Straße zu suchen" lauten, ist die Sorge nach Täter*innen-Opfer-Umkehr nur legitim. Am Ende konnten auch die Busse nichts an der hohen Mordrate an Frauen ändern: In der Türkei wurden 2016 insgesamt 284 Frauen getötet, 2018 lautete die Zahl mindestens 391.

Als 2012 die 23-jährige Studentin Jyoti Singh Pandey in einem Bus in Delhi brutal vergewaltigt wurde und später an ihren Verletzungen starb, wurden zwar drei der sechs Täter und der Fahrer zu Tode verurteilt, dennoch sagte selbst der Anwalt der Opferfamilie, dass junge Frauen nicht alleine Bus fahren sollten, weil das sonst bedeute, dass sie eben vergewaltigt werden wollen würden. Die Strafe war aufgrund des hohen öffentlichen (und auch internationalen) Interesses die höchstmögliche, aber die Justiz steht nicht ausnahmslos an der Seite der betroffenen Personen.

Im April 2019 verurteilte der Richter James P. McClusky in New York den Busfahrer Shane Piche wegen der Vergewaltigung eines 14-jährigen Mädchens zu zehn Jahren auf Bewährung und 1.750 US-Dollar Bußgeld. Aktivist*innen starteten eine Petition mit aktuell über 50.000 Unterstützer*innen, mit der sie die Entlassung des Richters fordern. Niedrige Strafen und gar Straflosigkeit bei Gewalt gegen Frauen und Mädchen ist auch in vielen westlichen Ländern ein Phänomen und keineswegs ein Monopol von Ländern, die als weniger fortschrittlich gelten.

Alle Maßnahmen, die potenziell Betroffene selber ergreifen müssen – sei es ein Chip im BH, ein bestimmter Bus oder die simple Frage nach dem eigenen Namen – verraten etwas existenziell Wichtiges über die Welt, in der wir leben: dass wir glauben, dass sexualisierte Gewalt unvermeidbar sei. Betroffene sind also selber verantwortlich vorzubeugen. So nach dem Motto: „Mädels, lasst euch nicht vergewaltigen."

Auch in Ländern wie Deutschland oder England, die zumindest in Europa als fortschrittlich gelten, ist das der Fall: 2015 schlug auch Jeremy Corbyn Busse und Bahnabteile vor, die nur für Frauen sind, um sie vor Gewalt zu schützen. Und das K.O.-Tropfen-Armband wurde wie bereits erwähnt von einer deutschen Studentin entwickelt, weil es offenbar einen Bedarf dafür gibt.

Aber was soll passieren, wenn man das Armband nicht dabeihat und gerade an jenem Abend angegriffen wird? Wie gehen wir damit um, wenn wir nicht im „Frauenbus" belästigt werden, sondern zwischen der Bushaltestelle und der Arbeit? Wenn wir in der Kneipe das Alarm-Wort aussprechen und sicher in den Uber gebracht werden, aber der Fahrer gewalttätig ist – was machen wir dann?

Was passiert, wenn wir keinen gechippten BH anhaben, z.B. während wir schlafen? Immerhin passieren die meisten Fälle von Gewalt gegen Frauen im eigenen Zuhause.

Und was, wenn wir alles richtig machen, aber die Gewalt trotzdem nicht vorbeugen können? Sind wir dann selbst schuld? Und vor allem: passt sich irgendwann die Justiz an diese Maßnahmen an und erwartet von Betroffenen, dass sie selbst dafür sorgen hätten müssen, nicht angegriffen zu werden? Beispielsweise wenn wir das Armband liegen lassen und gerade dann angegriffen werden, oder in einem „gemischten" Bus sitzen, glauben die Richter, dass das den Tätern eine Botschaft vermittelte? Dass das quasi eine Einladung war?

Gelernte Hilflosigkeit bedeutet, dass man sich so sehr daran gewöhnt und so fest davon überzeugt ist, keine Hilfe zu bekommen, dass man sich keine Hilfe sucht, wenn es notwendig ist. Dieser Begriff sollte ergänzt werden um das Gefühl, dass sexuelle Übergriffe für potenziell Betroffene so selbstverständlich und unvermeidbar scheinen, dass sie lieber sich und ihr eigenes Verhalten ändern, anstatt von den Tätern einzufordern, nicht gewalttätig zu sein. Präventionsmaßnahmen, die potenziell Betroffene ergreifen, sind keine Lösung für Gewalt gegen Frauen, das werden sie nie werden. Die einzige Lösung ist, gemeinsam eine neue Kultur zu schaffen, in der Männer lernen, nicht gewalttätig zu sein. Eine Kultur, die aus Betroffenen keine Täter*innen macht. Eine, die sexualisierte Gewalt nicht als Schicksal und gegeben betrachtet. Eine Bitte an Entwickler*innen, sich das für zukünftige Produkte zu merken, wenn sie wieder mal spontan auf die Idee kommen, Gewalt gegen Frauen zu bekämpfen.

Das kleine Monster, das mich auffrisst

11.06.2019, Missy Magazine

Sobald die Temperaturen steigen und die Sonne öfter und länger scheint, bekomme ich gute Laune. Die Sonne tut gut – nicht den tätowierten Stellen meiner Haut, aber dem Rest meines Körpers schon. Das Sonnenlicht stillt mein Heimweh ein wenig, wärmt meine gefühlt eingefrorenen Knochen auf.

Wenn das mit den Knochen lustig klingt, kann ich das nachvollziehen, ich fand es nämlich auch lustig, als meine Oma das einst zu mir gesagt hat. Sie hat damals in Wickrath in einem Hotel geputzt. Als Schülerin flog ich in den Schulferien manchmal nach Deutschland und ab und zu holte ich sie von der Arbeit ab. Einmal war es Winter und sie hatte einen schweren Wollmantel an. Als wir zusammen nach Hause liefen, schien plötzlich die Sonne, und sie sagte: „Sie soll auf meinen Rücken scheinen, meine Knochen sind so eiskalt." Was ich damals lustig fand, verstehe ich heute ganz gut. Als ich in Antalya gewohnt habe, habe ich die Sonne und Wärme nicht wirklich wertgeschätzt, mich immer über den Herbst und Winter gefreut. Jetzt aber: Frühliiiiing… Das Eis schmeckt besonders gut, Klamotten sehen schöner aus, sind leichter und bequemer. Fahrrad fahren macht endlich Spaß und ist kein Elend mehr. Ich mache Salate, Limonaden, koche Eistee, trage Kleider, freue mich. Nur eines gefällt mir im Frühling nicht: die Erinnerung. Im Winter trage ich in der Regel keinen BH, es sei denn, ich mache Sport oder habe etwas an, das sich nicht ohne BH tragen lässt. Ich habe nicht sonderlich große Brüste und ohne BH finde ich es oft tatsächlich bequemer. Im Winter fällt das nicht auf, unter den dicken Pullis trage ich eh ein Tanktop und dann eine Jacke drüber, zack. Wenn die Kleidungsschichten aber immer weniger werden, kommt auch die BH-losigkeit zur Geltung. Das vergesse ich jeden Winter, und in den ersten paar Frühlingswochen kommt die Orientierungsphase. Ohne BH rumzulaufen heißt nämlich mehr sexuelle Belästigung durch cis Männer auf der Straße.

Sie schauen dich an, sie schauen direkt deine Brüste an, als seien diese eigenständige Personen. Manche cis Männer sind so eklig übergriffig, dass sie extra nicht aus dem Weg gehen, damit du sie beim Vorbeigehen am besten noch berühren musst. Sie sprechen dich an: „Hey Baby, schöne Frau, wie geht's?" Dieser Style. Du steigst aus der Bahn, da sind Männer, die dir auf die Brüste glotzen. Du gehst die Treppe hoch, auch dort sind Männer, die dich ansprechen. Du stehst an der Ampel, Autos hupen und rufen etwas Unverständliches heraus. Männer sind sowieso überall und sowieso übergriffig. Aber ohne BH im Frühling werden sie noch unerträglicher.

Letztes Jahr hatte ich einen Meltdown, bin spontan in ein Unterwäschegeschäft gelaufen und habe mir haufenweise BHs gekauft. Ich habe mir bewusst besonders schöne ausgesucht, damit es keine reine Qual ist, jeden verdammten Tag einen BH tragen zu müssen.

Irgendwann besuche ich meine Freund*innen in Köln, nach der Arbeit fahre ich mit meinem Koffer los. Ich soll irgendwo in Berlin meine Mitfahrgelegenheit treffen, habe ein Kleid an, kann rechtzeitig Feierabend machen, alles tipptopp. Ich fahre los, hole mir einen Döner auf dem Weg, esse schnell auf einer Bank auf und laufe zum Treffpunkt. Ich habe einen der neuen BHs an, es ist ein Bustier mit Bügeln, blau und rosa mit Spitze und alles Mögliche an Schnickschnack. Das scheiß Ding ist ultra unbequem.

Ich treffe meinen netten Fahranbieter. Wir sind zu dritt, ich setze mich gleich hinten hin, damit ich mich nicht unterhalten muss, und schlafe gleich ein. Irgendwann werde ich mit Schmerzen in meinen Rippen geweckt: Alter, denke ich, was ist hier los? Es war der BH! Er versuchte mich langsam umzubringen, indem er meinen Oberkörper zerquetschte.

Ein unbequemer jedoch schöner BH ist wie ein Feind, der sich als dein Freund gibt. Du vertraust ihm, fühlst dich wohl bei ihm, er ist süß und schön und, Gott ist er sexy. Aber er agiert ständig gegen dich, gönnt dir nichts, reibt Salz auf deine Wunden, tut dir bewusst weh, manipuliert dich. Dennoch kannst du nicht ohne ihn. Ich glaube, das kennen hauptsächlich Frauen, die cis Männer daten, weil uns beigebracht wird, dass Gewalt eigentlich Liebe sei. Wir lernen, dass cis Männer von Natur aus Arschlöscher seien – das sind sie, aber nicht von Natur aus, sondern weil sie es so lernen und sich auch teilweise so entscheiden. Später als Erwachsene müssen wir uns selber beibringen, dass da, wo es Gewalt gibt, kein Platz mehr für Liebe übrig ist, um uns aus dieser Gewaltspirale herauszuretten. Mit einem Bügel-BH ist es ähnlich: Er ist wunderschön und am Anfang macht es Spaß mit ihm. Früher oder später aber hört der Spaß auf. Die Bügel machen deinen Tag unerträglich.

Viele fragen mich: Warum trägst du denn nicht BHs ohne Bügel, welche die nur aus Gummi und Baumwolle sind? Die Antwort ist einfach: weil sie potthässlich sind. Ich meine, ich trag ja keinen wegen der Funktionalität, sondern nur um mich vor sexueller Belästigung zu schützen. Wenn ich etwas unfreiwillig mache, dann möchte ich auch ein wenig Freude daran haben. Was für eine Freude kann mir ein Stück Baumwollstoff, gespannt mit Gummi, geben? Aber Spitze und Schleifen, gespannt mit Gummi? Jetzt verstehen wir uns.

Das Auto fährt Vollgas nach Köln, ich sitze hinten mit einem lebendigen BH um meine Rippen herum, der mich umarmt und langsam aufisst wie ein kleines Monster. Ich schaue wortlos aus dem Fenster und werde langsam und still aggressiv. Am nächsten Tag entdecke ich blaue Flecken auf meinem Oberkörper und klopfe den BH in die Tonne.

Hallo, wem gehört dieser Raum?

Virtuelle und mediale Gewalt in Deutschland

Keine Überwachung, sondern Schutz und Prävention

28.01.2020, Missy Magazine

Das Netzwerkdurchsetzungsgesetz (NetzDG) ist am 01. Oktober 2017 in Kraft getreten. Seitdem macht die Bundesregierung Netzwerkanbieter wie Facebook, Twitter, YouTube u. a. für die Inhalte verantwortlich, die die Nutzer*innen posten. Wenn Inhalte gemeldet werden, müssen sie innerhalb von 24 Stunden geprüft und gelöscht werden, sofern sie gegen deutsche Gesetze oder die Gemeinschaftsregeln der Plattformen verstoßen. Allerdings sind es keine Jurist*innen, die diese Inhalte prüfen. Es ist zwar bekannt, dass das Personal bei Facebook dafür geschult wird, wer die Meldungen bei Twitter überprüft, macht das Unternehmen nicht transparent.

Die Bundesjustizministerin Christine Lambrecht (SPD) stellte im Januar 2020 ihren Gesetzentwurf zur Änderung des NetzDG vor. Der Entwurf will u.a. alle Telemediendienste zwingen, Daten ihrer Nutzer*innen an Behörden und den Geheimdienst weiterzugeben. Das heißt von Strickanleitungen bis hin zur Haustiervermittlung, von BDSM-Foren bis hin zu Immobilienportalen kann das alle Onlineangebote betreffen. Dabei müssen die Nutzer*innen keine Straftaten begehen. Die Daten dürften selbst bei Ordnungswidrigkeiten angefordert werden. Das ist ein Schritt in Richtung des nassesten Traums von Faschist*innen: Überwachungsstaat nach großem Black Mirror-Stil, made by SPD.

Spätestens wenn die AfD das erste Mal das Bundesinnen- oder -justizministerium übernimmt, würden solche Überwachungsgesetze selbstverständlich gegen Schwarze, jüdische, muslimische, transgeschlechtliche oder homosexuelle Menschen und andere von Rassismus Betroffene, aber auch gegen demokratische Personen oder Gruppen missbraucht werden. Darüber scheint sich die SPD keinerlei Sorgen zu machen. Aber auf wessen Kosten?

Auch wenn heute nicht alle Betreiber die Daten ihrer Nutzer*innen sofort an die Behörden weitergeben möchten, ist es möglich zu ermitteln: So konnten z.B. im Juni 2019 mit großen Razzien in 13 Bundesländern Wohnungen von Personen durchsucht werden, die auf Facebook antisemitische Beleidigungen und öffentliche Aufforderungen zu Straftaten veröffentlicht haben sollen. Allerdings gibt Twitter nur in seltensten Fällen die Daten von Nutzer*innen heraus, was u.U. etwas Gutes ist. Aber sobald Straftaten wie Mord- und Vergewaltigungsdrohungen oder öffentliche Gewaltaufforderungen im Raum stehen, müssen die Betreiber dazu gebracht werden, die Daten der Nutzer*innen herauszugeben. Wir müssen lernen zwischen Überwachung und Opferschutz zu unterscheiden und Menschen, die Schutz brauchen, schützen, ohne dabei die Sicherheit aller zu gefährden. Es muss möglich sein.

Die Bundesregierung muss Onlinekriminalität neu denken und neu definieren: Alle Straftaten, die online stattfinden, haben reale Folgen. „Online" und „Offline" sind keine klar getrennten Welten. „Hass im Netz" ist Hass. „Onlinegewalt" ist Gewalt. Betroffene von Onlinekriminalität sind betroffen, auch nachdem sie das Handy ausmachen und in ihrer Küche einen Tee kochen.

Die Hemmschwelle, online Straftaten zu begehen oder Menschen zu drohen oder zu mobben, ist niedriger, weil das Netz nicht nur von den Täter*innen, sondern auch von der Gesetzgebung als eine Paralleldimension betrachtet wird, in der andere Regeln herrschen. Mit den neuen technischen Möglichkeiten kommen auch neue Herausforderungen. Zum Beispiel können Trolle im Netz personenbezogene Daten doxen, also unerlaubt veröffentlichen und verbreiten, und zwar auf einer für Außenstehende unübersichtlichen Weise. Einer schreibt beispielsweise den Klarnamen einer Person, der andere postet den Straßennamen drunter, der Nächste schreibt die Hausnummer. Die ganze Adresse wird so in einer Nachrichtenkette von mehreren Personen veröffentlicht. Das ist eine Straftat, wird aber oft nicht als solche behandelt. Ist das schon „Bildung einer kriminellen Vereinigung", wenn sich eine Gruppe über Chatgruppen oder Foren für solche Angriffe verabredet und diese dann umsetzt? Die Gesetze sind da. Es fehlt nur an Kenntnis über die Methoden der Täter*innen und die Motivation, hartnäckig zu ermitteln.

Statt über eine Nachbesserung des NetzDG sollte Lambrecht

über dessen Abschaffung nachdenken. Wir brauchen bessere Strafverfolgung und angemessene Strafen für die Täter*innen. Wir brauchen einen Hebel, die Betreiber im Falle einer Straftat zu zwingen, die Daten herauszugeben. Aber wir brauchen doch nicht, dass Privatunternehmen entscheiden sollen, welche Inhalte rassistisch und antisemitisch oder strafrechtlich relevant sind. Seit NetzDG in Kraft getreten ist, wird es von organisierten Trollen vor allem gegen marginalisierte Menschen missbraucht, aber auch gegen demokratische Personen, um sie stillzulegen. Und das funktioniert, weil Privatunternehmen eben nicht zu einer solchen Aufgabe qualifiziert sind. Während Trolle marginalisierte Personen menschenfeindlich beleidigen, ihnen Gewalt androhen, ihre personenbezogenen Daten unerlaubt veröffentlichen und verbreiten – was reale Folgen hat, wie unerwünschte Sendungen oder Hausschmierereien – melden sie sie massenhaft und sorgen für ihre Sperrung. Dieser Terror wird durch NetzDG begünstigt und gar ermöglicht.

Während die Meldungen durch verifizierte Twitter-Accounts ein besonderes Gewicht haben und eher zu Löschungen und Sperrungen führen können, ist es besonders hoffnungslos, verifizierte Accounts erfolgreich zu melden. So darf beispielsweise der Welt-Kolumnist Rainer Mayer (Don Alphonso) weiterhin twittern, obwohl er immer wieder mal Mordfantasien veröffentlicht.

Verdächtig ist auch, dass je mehr Accounts einen Inhalt melden, die Wahrscheinlichkeit steigt, dass Posts oder Accounts gelöscht werden. Da Twitter nicht transparent kommuniziert, wie die Meldungen geprüft werden, ist es denkbar, dass die Löschung ausschließlich durch Algorithmen erfolgt. Wahrscheinlich wird also nicht gelesen, sondern nur gezählt. Wenn Hasskommentare nur von wenigen Accounts gemeldet und nicht entfernt werden, stärkt das den Tätern*innen den Rücken und motiviert andere, ihrem Hass freien Lauf zu lassen.

NetzDG entlässt die Bundesregierung aus der Verantwortung, Onlinekriminalität mit allen Mitteln des Rechtsstaats zu bekämpfen und Täter*innen zu verfolgen und schiebt die Verantwortung auf unfähige Privatunternehmen. NetzDG ist Augenwischerei.

Wir brauchen weder eine Reform des NetzDG noch Überwachung.

Wir brauchen eine Bundesregierung, die die neue und große Rolle, die die sozialen Netzwerke in unserem Leben spielen, versteht und aus diesem Verständnis heraus effektive Schutz- und Präventionsmaßnahmen entwickelt.

Meinungsfreiheit: Angst besorgter Bürger

20.11.2019, Podcast „Scharf mit alles"

„Das wird man doch wohl noch sagen dürfen" sagten sie, und nannten die Kritik an ihrer Wortwahl und ihrer Aussagen Zensur und Einschränkung ihrer Meinungsfreiheit. Aber ist da überhaupt was dran?

Die Meinungsfreiheit ist zwar ein Menschenrecht und ein Grundrecht in Deutschland, allerdings wurde sie in den letzten Jahren zum Kampfbegriff. Für viele steht er für den Wunsch, uneingeschränkt sagen zu können und zu dürfen, was man so will, ohne für die Aussagen oder Wortwahl Kritik zu ertragen oder Widerrede zu erhalten, unabhängig davon, wie menschenfeindlich oder strafrechtlich relevant diese sind. Der Begriff „Meinungsfreiheit" wird zwar an vielen Fronten eingesetzt und teilweise auch berechtigt verwendet – denn nicht zu vergessen, es handelt sich ja tatsächlich um ein Grundrecht. Aber der Begriff wird teilweise auch missbraucht und bewusst falsch für Meinungsmache und Hetze verwendet. Die Bedeutung eines Menschen- und Grundrechts wird also mit kollektiver Anstrengung verfälscht bzw. gar verschleiert.

Aber worum geht's denn hier genau? Warum ist Meinungsfreiheit in aller Munde, warum gerade jetzt?

Schon vor der Bundestagswahl 2017 wurde in der deutschen Medienlandschaft oft gesagt, dass die Grenzen des Sagbaren immer erweitert würden. Viele erklärten das mit der starken medialen Präsenz der rechtsradikalen deutschen Partei AfD. Sie zog dann nach der Wahl mit insgesamt 94 Abgeordneten in den Bundestag und ist inzwischen in allen 16 Landtagen teilweise stark vertreten.

Die Aufnahme von Geflüchteten in Deutschland löste 2015 eine islamfeindliche Rassismuswelle aus. Auch den heutigen Erfolg der AfD haben wir dieser menschenfeindlichen Welle zu verdanken. Die 2014 entstandene Pegida-Bewegung wurde in dieser Zeit plötzlich bundesweit sichtbar und hörbar. Die Teilnehmer*innen dieser Montagsdemonstrationen wurden unter anderem von deutschen Politiker*innen als „besorgte Bürger" verharmlost. Die Meinungsäußerungen dieser sogenannten „besorgten Bürger" in Umfragen und Interviews waren überwiegend islamfeindlich und rassistisch. Deutsche Politiker*innen von links bis rechts stellten diese als legitime Meinungen dar, indem sie plädierten, die Sorgen ernst zu nehmen. Diese Sorgen waren rassistisch und islamfeindlich. Alle Parteien Deutschlands haben also eine aktive Rolle bei der Entstehung des Eindrucks gespielt, dass Rassismus und Islamfeindlichkeit einen Platz in der Öffentlichkeit hätten, dass sich islamfeindlich und rassistisch zu äußern tolerierbar sei und diese Meinungen genauso eine Berechtigung hätten, gehört zu werden, wie jene Meinungen, die eben nicht menschenfeindlich sind.

Diese goldene Gelegenheit ließ sich die AfD natürlich nicht entgehen. Sie konnte bei der Rechtfertigung und Verharmlosung aller anderen politischen Parteien ihrem Ziel ein Stückchen näher kommen. Ihre Akteur*innen brachen ein Tabu nach dem anderen, und jedes Mal hat sich die deutsche Öffentlichkeit ein wenig mehr an Rassismus, Holocaustverharmlosung, Islamfeindlichkeit und Frauenfeindlichkeit gewöhnt.

Die Verharmlosungen übernahmen irgendwann auch deutsche Medien. So fingen deutsche Journalist*innen an, dafür zu plädieren, mit Menschen aller politischen Überzeugungen zu sprechen, insbesondere aber mit Rechten. Mit Rechten zu reden, und damit wurden oft eben die sogenannten „besorgten Bürger" gemeint, die mit Nazis zusammen marschieren und die man gut als rechtsextrem einordnen kann, sei eine Notwendigkeit und gar eine Pflicht. Als sei die Daseinsberechtigung von Minderheiten nicht selbstverständlich, sondern etwas, worüber man debattieren könnte. Was dann am Ende dieser Debatten rauskommt, würde dann wahrscheinlich davon abhängen, wer dominanter ist, wer lauter ist, und wer geschickter debattieren kann. Aber die Existenzberechtigung von Menschen, egal welche vermeintliche Herkunft und welche vermeintliche Religionszugehörigkeit sie haben, steht nicht zur Debatte. Alle Menschen haben ein Recht auf Leben und körperliche Unversehrtheit. Wer mit Nazis Seite an Seite marschiert, ist verloren.

Sprache und Denken sind untrennbar. Das heißt wer menschenfeindlich spricht, hat auch menschenfeindliche Denkweisen, ob das reflektiert wird bzw. mit Absicht stattfindet oder nicht spielt dabei keine Rolle. Diskriminierung findet ohnehin viel öfter unreflektiert, also unabsichtlich statt. Deshalb sind alle dafür verantwortlich, ihre Gedanken immer wieder aufs Neue zu reflektieren, Kritik anzunehmen und sich zu verbessern.

Die Tatsache, dass deutsche Politiker*innen und Journalist*innen selbst menschenfeindliche Aussagen und Gedanken als legitime Meinungen betrachten, die gehört werden müssten, führte zu der gegenwärtigen Diskussion um die Meinungsfreiheit. Jetzt sind wir also endlich soweit, dass menschenfeindliche Äußerungen, die rassistisch, antisemitisch, frauen-, homo- und transfeindlich sind, mitten in unserem Alltag sind, überall, wo wir hingehen. Sie nehmen immer mehr Raum ein, ihre berechtigte Sanktionierung wird als Rechtsverletzung inszeniert. Je lauter sie bei jeder Kritik „Zensur!" schreien, desto mehr Toleranz bekommen sie. Menschen, die in Deutschland leben, werden also spätestens seit 2015 aufgefordert, sich an menschenfeindliche Aussagen zu gewöhnen, als sei es ein Recht, sich menschenfeindlich zu äußern, als hätte man einen Anspruch darauf, zu diskriminieren.

Dieses verzerrte Verständnis davon, welche Aussagen und Meinungen legitim sind, welche einen Platz in der Öffentlichkeit verdienen, und ob man einen Anspruch darauf habe, sich menschenfeindlich zu äußern und dabei gehört zu werden, führt dazu, dass jene, die menschenfeindliche Äußerungen als solche benennen, sich nicht auf eine Diskussion auf einer menschenfeindlichen Ebene einlassen möchten, mit dem Vorwurf konfrontiert werden, die Meinungsfreiheit ihres Gegenübers einzuschränken und gar Zensur zu verüben, ihnen quasi Sprechverbote zu erteilen. Und, so unsinnig wie es ist, sprechen wir unfreiwillig alle darüber.

In Deutschland besteht die Bevölkerung bis zu 25 Prozent aus Menschen mit einem sogenannten Migrationshintergrund. Der Anteil dieser beträgt im Bundestag nur acht Prozent, und in deutschen Medien schätzungsweise nur fünf Prozent. Allerdings gibt es keine zuverlässigen Quellen zu dem Anteil in den Medien, weil es zum einen offenbar nicht viele interessiert, zum anderen eine Zählung sehr aufwändig wäre, vor allem aufgrund der heutigen Arbeitsbedingungen in der Medienlandschaft, durch die viele freiberuflich arbeiten müssen.

In einem Interview mit dem *ZDF*[24] schätz Michael Hartmann, ein Elitenforscher, dass festangestellte Redakteur*innen großer Medien überwiegend aus den oberen 10 Prozent der Gesellschaft stammen. Die Chefetagen sowie Chefredaktionen, Intendant*innen oder Programmdirektor*innen gehören demnach sogar zu den oberen vier Prozent.

Der Anteil von cis Frauen in deutschen Redaktionen beträgt zwar fast 50 Prozent. Aber laut Meedia, Pro Quote Medien e.V. werden von den 110 Leitungspositionen in großen deutschen Medien nur 33 Stellen von Frauen besetzt. Somit sind sie auf Leitungsebene unterrepräsentiert. Außerdem kommen sie weniger zu Wort als cis Männer, vor allem wenn es um politische Texte geht. *Übermedien,* so heißt ein Online-Magazin für Medienkritik, zählte 2019 nach, wie viele Leitartikel in den drei auflagestärksten deutschen Zeitungen im Vorjahr von Frauen geschrieben wurden. Demnach durften Frauen 2018 nur neun Prozent der gesamten Leitartikel der *Bild*-Zeitung schreiben. Im selben Jahr betrug der Anteil bei der *Frankfurter Allgemeinen Zeitung* zehn Prozent und bei der *Süddeutschen Zeitung* 24 Prozent. Das heißt, auch wenn Frauen in den Redaktionen sitzen, schreiben sie selten die prominenten Artikel. Es gibt keine Daten über die Zahl der Journalist*innen, die außerhalb des binären Geschlechtersystems existieren und/oder transgeschlechtlich sind. Nicht nur das, was man macht und sagt kann politisch sein, sondern auch die Tatsache, dass bestimmte Sachen unterlassen werden. Es ist kein Zufall, dass gerade marginalisierte Perspektiven in deutschen Medien kaum vertreten sind.

Diese Ausschlusskriterien nach Klasse, Herkunft und Geschlecht machen die Rolle, die die sozialen Netzwerke in unserem Leben spielen, noch größer. Denn wer für sich die politische Teilhabe einfordert, aber aus Parlamenten sowie Redaktionen ausgeschlossen wird, kann sich einen Account auf einer beliebigen Plattform zulegen und selber veröffentlichen. Die Reichweite

---

24 https://www.zdf.de/nachrichten/heute/entfremdete-medienelite-soziale-herkunft-praegt-die-berichterstattung-100.html (abgerufen am 10.04.2020)

ist nicht vergleichbar mit der traditioneller Medien und das Publikum ist nur auf jene Menschen begrenzt, die auch in diesen sozialen Netzwerken unterwegs sind, aber immerhin können sich Marginalisierte so einen Platz erkämpfen, anstatt vor geschlossenen Partei- oder Redaktionstüren zu warten.

Und genau da kann ein weiteres Problem auftreten und zwar folgendes: Wer politisch aktiv sein möchte, aber nicht einmal stimmberechtigt ist, dem wird die politische Teilhabe verweigert. Diese Personen gehen teilweise arbeiten und zahlen in die Sozialsysteme ein, werden aber von politischen Prozessen ausgeschlossen und können das System, von dem sie betroffen sind, nicht mitgestalten. Die sozialen Netzwerke werden dann ganz attraktiv, weil sie eben frei zugänglich sind. Sich aber nur in den sozialen Netzwerken politisch äußern zu können, weil andere Möglichkeiten verwehrt bleiben, ist nicht wünschenswert. Twitter ist kein Ersatz für das Stimmrecht.

Und wer publizieren möchte und von Redaktionen ausgeschlossen wird, ist genauso auf Social Media angewiesen. Wer aber nur noch auf Social Media veröffentlichen kann, erlebt dadurch weitere Marginalisierungen. Auch die publizistische Tätigkeit in den sozialen Netzwerken kostet Zeit und Arbeit, diese wird aber nicht entlohnt. Das heißt, die Personen, die sich eine große Social-Media-Reichweite erarbeiten, werden zwar mit Follows und Likes belohnt, davon kann man sich aber leider nichts kaufen. Auch wenn sie für ihre Arbeit soziale Anerkennung bekommen können, leisten sie diese Arbeit unbezahlt. Zudem sind sie bei Hasskampagnen und virtuellen Angriffen, deren Folgen in der Regel über die sozialen Netzwerke hinausgehen, auf sich allein gestellt. Denn im Gegensatz zu Journalist*innen, die von einem Medienkonzern angestellt sind, werden diese Personen nicht geschützt. Wenn sie geschützt werden, dann von anderen Menschen, die ebenso als Privatpersonen in den sozialen Netzwerken unterwegs sind und höchstens noch von der Zivilgesellschaft.

Bestimmte Gruppen werden also von politischer Teilhabe und aus gesellschaftlichen Debatten ausgeschlossen und nehmen in sozialen Netzwerken Raum ein, um dieser Benachteiligung entgegen zu wirken, ihre Forderungen und Bedürfnisse sichtbar zu machen. Für diese Sichtbarkeit erhalten sie aber kein Geld, sondern nur Klicks. Und je sichtbarer sie werden, desto heftiger werden sie angegriffen. In den sozialen Netzwerken wird nicht mehr über marginalisierte Gruppen gesprochen, sondern *mit* ihnen. Menschen, deren Identität als Projektionsfläche für Hass genutzt wird, sind keine passiven Objekte irgendwelcher Diskussionen mehr, sondern Subjekte. Das ist die Mehrheitsgesellschaft nicht gewohnt. Jene Gruppen also, die bis vor ein paar Jahren nur als Gegenstand irgendwelcher Diskussionen dienten, werden von diesen Diskussionen nicht mehr im selben Umfang ausgeschlossen. Sie wehren sich, kritisieren die Verwendung menschenfeindlicher Begriffe, nennen Menschenfeindlichkeit beim Namen. Sie stören.

Da aber wie vorhin schon klargestellt, Menschenfeindlichkeit in Deutschland flächendeckend toleriert und gar gefördert wird, reagiert die Mehrheitsgesellschaft auf Protest und Widerstand empört, nennt diese Zensur, behauptet, es gebe eine Sprachpolizei und gar Verletzungen ihres Rechts auf freie Meinungsäußerung. Abgesehen davon, dass Zensur nur und alleine durch den Staat erfolgen kann und nicht durch Privatpersonen und es de facto keine Sprachpolizei gibt, die bei Menschen an der Tür klopft und sie in Handschellen in den Knast bringt, geht es hier nicht um vermeintliche Sprechverbote. In Deutschland darf man sogar die Nazizeit verharmlosen, indem man sie auf einen „Vogelschiss" reduziert. Wenn man dafür angezeigt wird, wird man durch das Recht auf Meinungsfreiheit geschützt, obwohl diese Aussage von marginalisierten Gruppen, vor allem von der jüdischen Community, als sehr gewaltvoll und bedrohlich wahrgenommen werden könnte und wird.

Auch das Künast-Urteil ist in diesem Sinne schockierend. Die Grünen-Politikerin Renate Künast erhielt zahlreiche Hasskommentare, unter anderem frauenfeindliche Beleidigungen und Gewaltaufrufe in den sozialen Netzwerken. Sie wehrte sich dagegen, aber ein Gericht in Berlin hielt diese Angriffe für Meinungsfreiheit. Sie bleiben zuerst einmal folgenlos, das Urteil wurde inzwischen widerrufen.

Jene Menschen, die ihre Meinungsfreiheit bedroht sehen und in Umfragen angeben, sich nicht zu trauen, offen ihre Meinung zu sagen, befinden sich überwiegend im rechten Spektrum, und zwar bis zu 70 Prozent. Das geht aus einer Umfrage der Bertelsmann Stiftung von 2017 hervor. 68 Prozent der Befragten der Shell-Jugendstudie 2019 stimmten der folgenden Aussage zu: „In Deutschland darf man nichts Schlechtes über Ausländer sagen, ohne gleich als Rassist beschimpft zu werden."

Laut der Untersuchung des Allensbach Instituts für Demoskopie namens „Grenzen der Freiheit" finden Deutsche folgende Themen besonders heikel: Muslime, Juden, Hitler, Drittes Reich, Rechtsextremismus, AfD, Vaterlandsliebe, Patriotismus.

Außerdem gehen mehr als der Hälfte der Befragten folgende Themen zu weit: Der dritte Geschlechtseintrag (55 Prozent), die Verwendung der weiblichen UND männlichen Form in Reden und Stellenausschreibungen (54 Prozent), Gendersternchen (54 Prozent). Außerdem finden 71 Prozent nachträgliche Korrekturen in Kinderbüchern, wie die Streichung des Wortes N-König in *Pippi Langstrumpf*, überflüssig.

Wie ihr seht, beklagen sich vor allem Rechte über eine angeblich fehlende Meinungsfreiheit, während sie eigentlich dafür kämpfen, ihren Sprachgebrauch nicht gewaltfrei zu gestalten. Dass es bei der Angst um die Meinungsäußerung nicht um juristische Folgen geht, sondern um soziale, wird am Beispiel der völlig folgenlosen Reduzierung der Nazizeit auf einen Vogelschiss deutlich. Es geht darum, die Kritik an menschenfeindlicher Sprache zu stigmatisieren.

Es sind nicht rechtsgesinnte Menschen, deren Recht auf freie Meinungsäußerung gefährdet wird, sondern eine andere Gruppe: Menschen, die sich gegen ihre eigene Diskriminierung einsetzen. Marginalisierte Gruppen, die sich in den sozialen Netzwerken für ihre Daseinsberechtigung, fundamentale Menschenrechte und Grundrechte einsetzen, werden beleidigt, bedroht und gedoxt, das heißt ihre personenbezogenen Daten werden öffentlich gemacht. Diese Gewalterfahrungen sind de facto eine Gefahr für das Recht auf freie Meinungsäußerung, wenn Menschen für ihre Aussagen mit Gewalt und Tod bedroht werden und sich aus Angst um ihr Leben oder das ihrer Familien aus den sozialen Plattformen zurückziehen müssen, die allen frei zugänglich bleiben sollten.

Dass aus Worten Taten werden können, wissen wir nicht erst seit dem Mord am Kasseler Regierungspräsidenten Walter Lübcke. Die Grenzen von Menschen, die online Gewaltandrohungen posten, und jenen, die echte Anschläge planen und umsetzen, sind durchlässig, das wissen wir spätestens seit dem antisemitischen Angriff in Halle.

Jede Gesellschaft braucht Tabus, wenn es um die Würde des Menschen geht, aber auch darum, um jene Gruppen, die ohnehin unterdrückt und benachteiligt werden, zu schützen. Widerrede und Protest sind keine Einschränkungen des Rechts auf Meinungsfreiheit, sondern lediglich Zeichen dafür, dass andere ebenso Gebrauch von ihrem Recht auf Meinungsfreiheit machen. Wem es so schwer fällt, dass auch andere Menschen ihre Meinung äußern und unterschiedliche Meinungen für Angriffe auf die eigene Haltung bewertet, sollte sich dringend Gedanken über sein Leben machen. Wer nicht zwischen Meinungsäußerung und Gewaltandrohung unterscheiden kann, ebenso.

Die Cyber-Männergrippe

09.07.2019, *Missy* *Magazine*

In diesem Jahr haben schon mindestens zwei weiße cis Männer auf der politischen Bühne Deutschlands angekündigt, sich aus Twitter zurückzuziehen: Robert Habeck und Horst Seehofer. Der Grund: Hass im Netz. Das muss die neue Männergrippe sein, die Cyber-Männergrippe, die kaum aushaltbar zu sein scheint.

Als Habeck im Januar seinen Rückzug ankündigte, nannte er als Begründung die Veröffentlichung seiner persönlichen Daten und dass Twitter ein hartes Medium sei. Dass dort „spaltend und polarisierend" geredet werde, färbe auch auf ihn ab.

Der Abschied von Seehofer kam dann am 4. September 2019. Seine Begründung nach genau zwei (2) Tweets: „Gelegentlich schaue ich mir dann an, wie das [Social-Media-Referat in meinem Ministerium] kommentiert wird, und was ich da lese, ist oft dermaßen platt und flach, gehässig und bösartig – nein, von so einer Community möchte ich nicht Teil sein."

Es ist lustig, weil sich Seehofer von einer angeblich nur auf Twitter existierenden Community distanziert. Dabei sind die Menschen, vor denen die zwei Herren flüchten, weder Außerirdische noch leben sie in einer Paralleldimension. Es sind Personen, mit denen wir in einer Gesellschaft zusammenleben. Und der Online-Hass, dem sie sich ausgesetzt fühlen, ist keiner, dem man nur auf Twitter begegnet. Dieser Hass betrifft viele tagtäglich auf der Straße und in allen öffentlichen Räumen in Form von verbaler oder körperlicher Gewalt.

Im Fall Habeck komme ich bis heute nicht darüber hinweg, dass er einfach ging, anstatt sich gegen Online-Gewalt einzusetzen. Er wurde gedoxt, das heißt, sensible persönliche Daten von ihm wurden veröffentlicht. Doxing war lange vor ihm ein Problem und das ist es heute noch. In der Regel betrifft es Menschen, die um Dimensionen schutzloser sind als Habeck. Nur weil er sich jetzt die Online-Gewalterfahrungen sparen kann, ist das Problem nicht gelöst.

Aber da Habeck als Bundesvorsitzender der Grünen und Seehofer als Heimatminister eigene Plattformen haben, wo sie ihre eigenen Themen setzen können und nicht auf Social Media angewiesen sind, scheint für sie das Problem, dass es schwer ist, in den sozialen Netzwerken zu überleben, nicht so interessant zu sein, dass sie was dagegen unternehmen möchten. Alle, die sich kaum bis gar nicht an Debatten beteiligen können, deren Perspektiven nicht flächendeckend vertreten werden und die nicht hörbar sind, machen jeden Tag krassere Gewalterfahrungen als diese zwei Herren. Ich relativiere, weil Habeck und Seehofer schon ziemlich unantastbar sind, wenn man sie beispielsweise mit einer Schwarzen trans Frau oder einer behinderten Kassiererin vergleicht.

Am 3. Juli 2019 veröffentlichte die gemeinnützige Organisation *Campact* und das *Institut für Demokratie und Zivilgesellschaft* die Ergebnisse einer repräsentativen Befragung. Laut dieser Umfrage machen jüngere und von Rassismus betroffene Menschen besonders häufig Gewalterfahrungen im Netz. Mehr als die Hälfte der Befragten möchte sich wegen Hate-Speech nicht mehr im Netz politisch äußern.

Amnesty International präsentierte 2018 die Ergebnisse einer Befragung und diese zeigten, dass Frauen besonders häufig von Online-Hass betroffen sind. Die britische Zeitung *The Guardian* analysierte die eigenen Leser*innenkommentare von 2006 bis 2016 und fand heraus, dass acht von den zehn am meisten angegriffenen Journalist*innen Frauen sind.

Das ist kein Zufall: Trolle verabreden sich und greifen organisiert an. Nach #Gamergate 2015 sprengten Trolle die Hashtags, die Frauenfeindlichkeit im Techbereich und im Netz entgegenwirken sollten, mit misogynen Hasskommentaren. Dass sich auch deutsche Trolle für Angriffe gegen marginalisierte Gruppen verabreden, wissen wir spätestens seit #MeTwo. Diese versuchten 2018, Tweets über Rassismus in Deutschland mit Rassismus zu sprengen.

Sobald sich marginalisierte Menschen in den sozialen Netzwerken politisch äußern, werden sie mit Doxing oder körperlicher Gewalt bedroht und manchmal folgen Worten auch Taten. Viele betroffene Nutzer*innen löschen ihre Accounts und verlassen die Plattformen, ohne mediale Aufmerksamkeit für ihre Erfahrungen erzeugen zu können. Viele wissen nicht einmal, wo sie sich Hilfe holen können.

Ein Beispiel dafür, wie weit Online-Gewalt gehen kann, ist der Fall um Drachenlord. Drachenlord ist ein YouTuber, der in seinen Videos nicht selten problematische Sprache reproduziert. Trolle nahmen sich seine Art und Weise zum Anlass, ihn zur Zielscheibe von Hass zu machen. Einmal organisierten sie eine „Demo" vor seinem Haus, schlugen seine Fensterscheiben ein, bewarfen ihn mit Gegenständen, sprengten Böller in seinem Hof. Eine Trollin hat sich mit zwei anderen Trollen zusammengetan und den Mann so lange manipuliert, bis er ihr einen Heiratsantrag gemacht hat. Sie ließ ihn glauben, dass die beiden eine romantische Beziehung zueinander hätten, bis er sie im Livestream fragte, ob sie ihn heiraten wolle. In dem Moment hat sie das Ganze als Inszenierung geoutet und nannte ihn „das fetteste, dümmste Arschloch, das ich je in meinem Leben gesehen habe."

Trolle drehten Videos am Grab des verstorbenen Vaters von Drachenlord. Einmal drohten sie ihm während eines Streams, den Leichnam seines Vaters auszugraben. Er bekam ständig Waren und Essen an seine Adresse geschickt, die natürlich nicht bezahlt, aber in seinem Namen bestellt worden waren. Das Ziel: ihm finanziell zu schaden. Eine Person, der damals 24-jährige Alexander S., wurde 2016 für mehrere Angriffe auf Drachenlord zu einer Freiheitsstrafe von drei Jahren und fünf Monaten verurteilt. Er hatte u.a. mit einem falschen Anruf dafür gesorgt, dass das Haus von Drachenlord während eines Livestreams von der Feuerwehr gestürmt wurde.

Bei Drachenlord handelt es sich um eine Person, die über Jahre hinweg in einem solchen Maße zur Zielscheibe von Hass wurde, dass sich neue Dynamiken in den sozialen Netzwerken entwickelten. Auf Twitter agiert eine lose jedoch klar erkennbare Gruppe, die nur durch den Hass auf Drachenlord entstand. Diese äußert sich menschenfeindlich, inzwischen nicht mehr nur Drachenlord, sondern auch marginalisierten Gruppen gegenüber. Rassis-mus, Transfeindlichkeit, Sexismus und Behindertenfeindlichkeit wird tagtäglich ausgeübt und dazu applaudiert. Die einzelnen Akteur*innen feiern sich für ihre menschenfeindlichen, gewaltvollen Äußerungen. Dadurch ermutigen sie sich gegenseitig, die Grenzen des Mach- und Sagbaren zu erweitern. Das ist Hass als Performance.

Online Gewalt hat reale Folgen. Die 18-jährige Brandy Vela aus Texas hat sich 2016 vor den Augen ihrer Eltern ins Herz geschossen und starb, nachdem sie jahrelang online gemobbt wurde. Nach ihrem Tod haben sich die Trolle wiederum über ihren Suizid lustig gemacht, als wäre durch den Tod der jungen Frau die Wirksamkeit ihrer „Arbeit" bestätigt worden. Das ist keine Polarisierung, das ist Gewalt bis in den Tod. Wie lange noch, bis wir die erste Meldung über ein Todesopfer der Trolle in Deutschland lesen müssen?[25] Hier entstand die Trollkultur zwar ein wenig später als in den USA, aber die Entwicklungen, Strukturen und Vorgehensweisen sind sich ziemlich ähnlich.

Es muss für einen weißen, heterosexuellen, nicht transgeschlecht-lichen Mann ohne Behinderung, der auch noch einen bedeutsamen Posten hat und einflussreich ist, ganz schlimm sein, online beleidigt zu werden. Schlimmer ist aber, wenn man seinen Abschied nicht vor Kameras nehmen kann, sondern mit der Erfahrung alleine gelassen wird und stillschweigend verschwinden muss. Viele andere bleiben, sie verschaffen sich trotz allem noch Gehör, kämpfen sich jeden Tag durch.

Also – Ciao, Herr Seehofer, und ein trockenes Tschüss an Herrn Habeck. Machen Sie es gut. Ich hoffe da, wo Sie jetzt sind, sind keine hasserfüllten Menschen, die Ihnen etwas Böses wünschen!

---

25 Leider haben wir das ca. drei Monate nach der Veröffentlichung dieses Textes. Es war der antisemitische Anschlag in Halle.

Hass unter fast jedem Tweet

04.06.2019, taz, die tageszeitung

Es ist März 2018, ich sitze am Schreibtisch in meinem WG-Zimmer in Berlin, der Schreibtisch steht am Fenster, auf der Fensterbank stehen zwei Vasen mit Blumen. Die Katzen werfen sie immer wieder um und knabbern an den Blumen und Blättern. Die Abendsonne scheint herein.

Vor Kurzem habe ich endlich einen Job gefunden, ich bin froh, meine Mutter freut sich. Ich arbeite drei Mal die Woche für einen feministischen Migrantinnenverband, außerdem schreibe ich Texte als freiberufliche Autorin und Journalistin. Ich habe keinen unbefristeten Vertrag, die Freude hält sich in Grenzen, aber es ist okay. Es läuft.

Ich sitze an meinem Schreibtisch und die eine Katze springt auf den Stuhl. Sie heißt Gisela, und obwohl ich weiß, dass ich die eine nicht mehr als die andere liebhaben darf, liebe ich sie mehr als die andere. Sie springt auf meinen Stuhl, legt sich aber nicht auf meinen Schoß, sondern neben mich, macht es mir so eng wie möglich, und fängt an zu schnurren. Ungefähr zeitgleich beginnt ein Shitstorm auf Twitter gegen mich.

Shitstorms kenne ich schon von Zeiten, in denen ich nur auf Türkisch getwittert habe. Als ich einst schrieb „Ihr findet Menstruationsblut eklig, aber esst Hühnereier, was praktisch Hühnerperiode ist", explodierte das türkischsprachige Twitter. Ich habe wochenlang Tausende Beleidigungen bekommen. Manche waren lustig und kreativ, andere nur furchtbar.

Meine Kommunikation beruht auf Provokation, es war schon immer so, auch als Kind oder später in der Pubertät, schon immer. Als ich zwölf war, sagte ich meinem Vater, ich sei Satanistin. Er sagte „Es gibt keinen Gott, warum soll es seinen Gegner geben?" Manchmal gelingt mir die Provokation nicht, ich bleibe dann aber dran.

An jenem Tag im März bekomme ich vermehrt seltsame Nachrichten von seltsamen Accounts: Trolle. Dieses Mal deutsche Trolle. Das ist neu. Ich beobachte die Accounts mit Profilbildern, auf denen Pepe der Frosch oder Trump zu sehen sind. Sie beleidigen mich, aber erst mal ist alles im Rahmen. Auslöser ist einer meiner Tweets, in dem ich sage, dass cis Männern nicht mehr zustehe, als sie ohnehin haben. Was ich nicht wusste, ist, dass ein Blogger,[26] den Rechte kennen und mögen, einen Beitrag dazu geschrieben hatte. Das erfahre ich erst am nächsten Tag.

Der Blogger, den ich bis dato nicht kannte, ist wohl ein reicher Erbe. Er widmet mir einen ganzen Artikel. Er, der wahrscheinlich keinen einzigen Tag in seinem Leben arbeiten musste, schreibt, dass es heterosexuelle cis Männer gebe, die Arbeiter sind. Seine Schlussfolgerung: diese seien nicht privilegiert. In seinem Artikel erwähnt er, wo ich arbeite und wie diese Arbeit finanziert wird, nämlich aus öffentlichen Geldern, und schreibt mir Privilegiertheit zu. Ganz so, wie aus der Gebrauchsanleitung zum Rechtspopulismus, wenn es eine gäbe.

Ein Tag nachdem sein Blogartikel veröffentlicht wurde, erzählen mir Kolleginnen – wir sind nur Frauen –, dass ein paar Männer im Büro angerufen und gesagt haben: „Ist Sibel Schick da? Ich möchte mit ihr reden. Ich möchte mich über sie beschweren." Meine Kollegin soll daraufhin gefragt haben: „Möchten Sie mit Sibel Schick reden oder möchten Sie sich über sie beschweren?"

Natürlich wusste der Blogger, was sein Text verursachen konnte. Es wäre zu gutgläubig, davon auszugehen, dass er die Konsequenzen nicht durchdacht hat, mich fast in jedem Absatz namentlich zu nennen und öffentlich zu machen, wo ich arbeite. Inzwischen explodiert mein Twitter-Account. Die Beleidigungen werden innerhalb von Stunden zu Gewaltandrohungen und -fantasien. Jemand schreibt mir „Hitler hätte dich vergasen sollen". Bevor ich ihn anzeigen kann, verschwindet sein Account. Da lerne ich, dass es wichtig ist, sofort Screenshots zu machen.

Da der Blogger behauptet, dass es weder Diskriminierung noch Privilegien aufgrund der Identität gebe, sondern nur aufgrund der Klasse, schreibe ich: „Erzählt mir nichts von Klasse. Wer von euch wohnte in einem Ghetto und musste einen Apfel mit drei anderen Cousins teilen? Ich schon."

---

26 Hierbei handelt es sich um Rainer Meyer aka. Don Alphonso. Er ist Welt-Kolumnist. Der Text, von dem ich hier spreche, wurde am 15.03.2018 im FAZ-Blog veröffentlicht.

Damit sage ich, dass ich das Klassenproblem aus eigener Erfahrung kenne, im Gegensatz zu dem Verfasser des Beitrags. Anstelle von Verständnis bekomme ich mehr Beleidigungen: „Du Opfer!" Ich lösche meinen Tweet, weil ich merke, dass die Erklärung meiner persönlichen Erfahrung als Unterwürfigkeit verstanden wird. Meine Erfahrung ist mir zu schade, um sie so konsumieren zu lassen. Sie ist zu real.

Spätestens als Männer anfangen, die Ministerien anzurufen, die den Verein finanzieren, bei dem ich arbeite, um sich dort über mich zu beschweren, gewinnt das Ganze eine neue Dimension. Es ist kein virtueller Shitstorm mehr. Jetzt geht es darum, mir materiell zu schaden.

Die Veröffentlichung jenes Blogbeitrags im März 2018 war das Ende meines Twitter-Accounts, wie ich ihn vorher kannte. Alles, was ich seitdem schreibe, zieht Nazis an. Sie posten Hass unter fast jedem meiner Tweets. Ich weiß nicht, wie viele Selbstmordaufforderungen ich bisher bekommen habe oder wie oft sie mir schrieben, dass ich vergewaltigt werden sollte und dass ich dann selbst schuld sei. Kaum dachte ich, es könne nicht schlimmer werden, wurden meine Adresse und Telefonnummer veröffentlicht.

Dass sie wussten, wo ich gearbeitet habe, war das kleinere Übel. Im Büro war ich nie allein, und meine Chefinnen und Kolleginnen waren solidarisch. Aber dass jetzt öffentlich wurde, wo ich wohne, war zu viel. Meinen Mitbewohner*innen hat das auch nicht geholfen.

Ich fing an, mit einer Browser-Funktion die Folgschaften von größeren rechten Accounts zu blocken und Blocklists anderer zu verwenden. Das heißt, dass all jene Accounts, die ich blocke, meine Inhalte nicht mehr lesen, teilen oder kommentieren konnten. Ich wusste nicht, wie ich die Kontrolle über meinen Twitter-Account zurückgewinne, das war ein hilfloser Versuch, der eher dazu führte, dass ich zusätzlich die Kontrolle verlor, wen ich blocke. Ich wollte zwar Rechte blocken. Stattdessen habe ich geblockt: Alle deutsch- und englischsprachigen Medien, deutsche und österreichische politische Parteien, Hunderte Journalist*innen, Politiker*innen, Aktivist*innen, Tausende Menschen und Institutionen wie gemein-nützige Organisationen, die nichts mit der Hasskampagne gegen mich zu tun hatten. 30.000 Accounts. Es hat nichts gebracht. Mein Account wurde immer noch genauso attackiert wie davor.

Wie geht man mit Rechten um? Ich weiß nicht, ich glaube, es gibt kein Rezept, keine Universallösung. Ich blocke sie, weil ich der Meinung bin, dass ich sie eh nicht erreichen kann. Mit meiner wertvollen Zeit und Kraft möchte ich lieber jene erreichen, die erreichbar sind. Jene, die zwar nicht genauso denken wie ich, mir aber keine Abschiebung, Kündigung, Vergewaltigung oder Vergasung wünschen. Soll nicht heißen, dass man mit den „Gleichgesinnten" immer derselben Meinung ist. Man kann auch von Linken mal auf die Fresse bekommen. Als ich über den oben genannten Vergasungswunsch schrieb, waren es Linke, die mir Holocaustverharmlosung vorwarfen.

Oft spielt es keine Rolle, was gesagt wird. Entscheidend ist: Wer sagt was? Für dieselbe Aussage kann ein weißer cis Mann belohnt und eine migrantische oder migrantisierte Frau bestraft werden.

Warum tut man sich das an? Ich kann nur für mich sprechen. Ich tue mir das an, weil ich diese Plattform einfach brauche. Sowohl als Migrantin als auch als freie Autorin bin ich auf Social Media angewiesen. Als Ausländerin ist es sehr schwierig, in deutschen Medien Fuß zu fassen und sich an gesellschaftlichen Debatten zu beteiligen. Auf Twitter habe ich die Möglichkeit, mich über politische Themen zu äußern, von denen ich betroffen bin. Ich mache mich dort hör- und sichtbar. Ich nehme mir Raum. Ich bleibe, weil ich mir das alles nicht wegnehmen lassen will. Trotz der bitteren Realität, dass ich mich so sehr an Gewaltdrohungen gewöhnt habe, dass sie mich inzwischen nur noch kaltlassen. Und ich weiß, dass es nicht nur mir so geht.

Hallo, komme ich hier rein?

Klassismus

Luxus Klimaschutz?

01.10.2019, Missy Magazine

„Unser Haus brennt", sagt die Aktivistin Greta Thunberg, und sie hat recht. Alle, die sich nicht auf Verschwörungstheorien, sondern auf Fakten verlassen, wissen: Wir haben ein Problem und uns läuft die Zeit davon. Viele katastrophale Folgen der Erderwärmung, von denen der globale Norden noch nicht betroffen ist, sind bereits Realität für viele Menschen im globalen Süden. Viele andere fragen sich, was sie persönlich gegen die Klimakrise tun können und suchen Wege, um ihre eigene CO2-Emission zu senken.

Persönliche Verantwortung und politische Veränderung müssen Hand in Hand gehen – ohne das eine ist das andere verdammt zu scheitern. Während für 71 Prozent aller Emissionen seit 1988 lediglich 100 Energieunternehmen verantwortlich sind, variieren inzwischen die Emissionsunterschiede innerhalb von Ländern mehr als zwischen den Ländern, wie die viel zitierte Studie[27] von Lucas Chancel und Thomas Piketty von 2015 zeigt. Klimakrise hat also ihren Ursprung im Kapitalismus und in der Klassengesellschaft.

Eine der größten Umweltsünden heutzutage ist das Fliegen. Umweltaktivist*innen fordern, dass nur noch aus Notwendigkeit geflogen wird, aber nicht für private Reisen. In meinem Leben bin ich mehr geflogen, als ich mich erinnern kann – als ich Grundschülerin war, bekam meine Mutter einen Job als Flugbegleiterin. Es war groß – sie hatte einen Grundschulabschluss und keine Berufsausbildung und trotzdem hatte sie ihren Kindheitstraum erfüllt und war Stewardess geworden. Das war für meine Mutter und mich ein klarer und steiler Aufstieg, unsere Lebensbedingungen haben sich plötzlich verbessert. Schon als Kind wurde das Fliegen zum festen Bestandteil meines Lebens und es war für mich gratis. Ich fand fliegen stressig und musste eh immer bei der Crew oder im Cockpit fliegen. Aber was die vielen Flüge für die Umwelt bedeuten, habe ich bis vor Kurzem kaum reflektiert.

Dieses Jahr bin ich nicht in den Urlaub geflogen, sondern gefahren und zwar mit dem Zug von Leipzig nach Cassis. Die Tickets haben

---

27 http://piketty.pse.ens.fr/files/ChancelPiketty2015.pdf (abgerufen am 09.02.2020)

zwar weniger gekostet, als ich dachte, Flüge wären allerdings günstiger gewesen. Viel wichtiger aber noch ist die Zeit, die man für den Weg aufbringen muss: Zugfahren dauert nämlich viel länger.

Zwei ganze Tage habe ich auf dem Weg verbracht. Das muss man sich leisten können. Anspruch auf Urlaubsgeld habe ich erst, seitdem ich einen festen Job habe, den ich neben meiner freiberuflichen Tätigkeit als Autorin ausübe. Ich habe eine Zeit lang gekellnert und auch damals habe ich kein Urlaubsgeld bekommen, obwohl ich fünf Jahre im selben Betrieb gearbeitet habe. Allerdings bin ich da keine Ausnahme: Laut einer Umfrage[28] bekommen in Deutschland nur 47 Prozent aller Beschäftigten Urlaubsgeld. Später als ich anfing, freiberuflich zu arbeiten, gab es auch kein Urlaubsgeld. Nicht arbeiten zu gehen hieß de facto Geld zu verlieren. Urlaub hieß, nur noch Geld auszugeben, ohne einzunehmen. Während wir über Menschen, die ein einigermaßen festes Einkommen haben, nachdenken, gibt es andere, die unter prekären Bedingungen leben müssen. Über vier Mio. Menschen in Deutschland bekamen 2018 ALG II. 2019 wurde der Satz zwar auf 424 Euro erhöht, aber die Summe bleibt sehr niedrig. Für andere, die keinen Anspruch auf ALG II haben, dennoch aus unterschiedlichen Gründen nicht arbeiten können, kann die Situation schlechter aussehen. Aber auch arme Menschen müssen konsumieren. Da kann man ihnen nicht vorhalten, wenn sie sich für einen günstigen Flug, einen Primark-Pulli oder einfach Billigfleisch entscheiden. Die Diskussion um Flüge, Umwelt und unser Konsumverhalten ist existenziell wichtig. Allerdings kommen in dieser Diskussion nicht alle gleichermaßen zu Wort und nicht alle Lebensrealitäten werden sichtbar.

Während Aktivist*innen im globalen Süden schon seit Jahren versuchen, Aufmerksamkeit auf die Klimakrise und ihre realen Folgen zu lenken, geben die Medien ihre volle Aufmerksamkeit Greta Thunberg und blenden alle anderen aus. Thunberg ist eine der wichtigsten Stimmen unserer Zeit, dennoch müssen wir uns auch die Frage stellen, wem nie die Möglichkeit gewährt wird, zu Wort zu kommen und woran das liegt. Und vor allem müssen wir uns fragen, wie wir Arbeit neugestalten müssen, damit wir diese Krise überleben können.

---

28 https://www.boeckler.de/pdf/pm_ta_2019_05_28.pdf

Vor der Bank mit Barcode um den Hals

04.01.2019, taz, die tageszeitung

Ein ehemaliger Oxford-Student entwickelte eine App, mit der Passant*innen persönliche Daten von Obdachlosen abrufen und ihnen bargeldlos spenden können. Die App soll nachvollziehbar machen, wofür die Spende genutzt wird, denn es laufen nur zweckgebundene Kampagnen.

Viele zögern, an Obdachlose zu spenden: „Weil sie nicht wissen, was die mit dem Geld machen", so Alex McCallion, der die Idee zur App *Greater Change* hatte. 80 Prozent der Bettelnden sammeln dem 23-Jährigen zufolge, um davon Alkohol oder Drogen zu finanzieren. Demnach soll der um eine Gabe Bittende einen Barcode um seinen Hals tragen. Passant*innen scannen diesen mit dem Smartphone ein, sehen, wofür die obdachlose Person die Spende braucht und vielleicht überweisen sie dann etwas.

Ein Mensch kann aus vielerlei Gründen auf der Straße landen, oft ist aber Sucht ein Auslöser für Obdachlosigkeit. Und auch ohne Dach über dem Kopf muss eine suchterkrankte Person Geld für die Substanz ausgeben. Die ist für die Betroffenen ein Grundbedürfnis wie Wasser und Nahrung, denn ein kalter Entzug kann tödlich sein. Das scheint jedoch den Entwickler nicht zu interessieren. Eigentlich ist Sucht eine chronische Krankheit, die moderne Medizin ist ratlos, was ihre nachhaltige Behandlung angeht, Rückfälle werden als Schicksal betrachtet. Doch von der Mehrheit der Bevölkerung wird sie als Hedonismus oder Schwäche interpretiert, die nicht noch gefördert werden sollte.

Auf der Straße Geld zu sammeln, ist wie Crowdfunding, und bei seriösem Crowdfunding ist Transparenz entscheidend. So nehmen global agierende NGOs wie *Greenpeace* oder *Amnesty International* Spenden ein und informieren ihre Unterstützer*innen über die Ausgaben. Bei den großen Summen, die bei Crowdfundings teils zusammenkommen, ist der Wunsch nach Nachvollziehbarkeit auch verständlich. Aber warum gilt das plötzlich auch für das „bisschen Kleingeld" zwischendurch?

Der Entwicklungsprozess von *Greater Change* ist noch nicht abgeschlossen, zurzeit läuft die Probeversion. Bisher wurden insgesamt 16 Kampagnen zu Ende gebracht, hauptsächlich wurde dabei für die Kaution gesammelt, die die obdachlosen Kandidat*innen für eine Wohnung hinterlegen müssen. Lokale Hilfsorganisationen entscheiden, wer Hilfe braucht, vermitteln diese an *Greater Change* und so beginnt die Kampagne.

Von Menschen ohne Wohnung zu fordern, ihre Daten mit jedem Wildfremden, der gerade vorbeiläuft, zu teilen, stärkt nur die Unterdrückungsmechanismen, unter denen Obdachlose ohnehin leiden. Die Idee, dass diese ihre Ausgaben begründen müssen, unterstützt die Ansicht, eine Spende etwa für Lebensmittel sei okay, für Alkohol oder Drogen aber nicht und bestätigt die Stigmatisierung von Suchterkrankten. Von Schutzmechanismen, die Datenmissbrauch verhindern sollen, spricht der Macher von *Greater Change* nicht. Die App hierarchisiert obdachlos lebende Menschen, unterteilt sie in die „Guten", die für die Kaution sammeln, und die „Schlechten", die süchtig sind und bestimmt von oben herab, ob diese die 20 Cent, die man vielleicht entbehren kann, wirklich verdienen.

Klar, *Greater Change* bezweckt zwar, dass Obdachlosen geholfen wird, indem auf einem zweckgebundenen Konto Geld landet. Gleichzeitig gibt sie gut situierten Menschen ein weiteres Machtinstrument in die Hand. Sie untermauert die Tatsache, dass obdachlos Lebende auf die „Gnade" von Wohlhabenden angewiesen sind und nach den Wünschen und Vorstellungen dieser leben sollten.

Der Volksfeind Nr. 1: Latte Macchiato

12.03.2019, Missy Magazine

Karneval 2019 war wie ein Schlachtfeld – die *WELT* verharmloste sexuelle Belästigung, Bernd Stelter machte sich lustig, dass Annegret Kramp-Karrenbauer einen Doppelnamen hat, die *Bild*-Zeitung hetzte gegen eine Kita, deren Leitung die Eltern gebeten hatte, auf rassistische Kostüme zu verzichten und Annegret Kramp-Karrenbauer diskriminierte Menschen, die inter oder nicht-binär sind. Über Bernd Stelters Witz wurde tagelang teils heftig diskutiert. Eine Frau im Publikum hatte sich so sehr aufgeregt, dass sie zur Bühne ging und mit ihm diskutierte. Stelter sah sich gezwungen, sie daran zu erinnern, dass er nur Witze mache. Wenn ein Comedian jedoch betonen muss, dass das, was er sagt, witzig ist, ist die Performance vielleicht nicht gelungen. Doch die Geschmacklosigkeit ist nicht das Hauptproblem. Man kann sich über einiges, was Annegret Kramp-Karrenbauer sagt und macht, lustig machen. Auch über ihren Namen, immerhin hört er sich an, als würde ein großer Hund die riesigen Brocken seines Trockenfutters kauen. Aber Stelter hat sich darüber lustig gemacht, dass sie bei der Eheschließung den Nachnamen ihres Mannes an ihren Geburtsnamen dranhing: „Hätte nicht irgendein Standesbeamter Frau Kramp-Karrenbauer warnen können?"

Der Widerspruch daran ist, dass Kramp-Karrenbauer 1984 geheiratet hat. Sie durfte damals ihren Geburtsnamen nicht ganz behalten, das dürfen Frauen mit deutscher Staatsbürgerschaft erst seit 1991. Kramp-Karrenbauers Optionen damals waren: entweder ihren Geburtsnamen aufzugeben oder den Namen ihres Mannes an den eigenen dranzuhängen. Sie hat sich offensichtlich dagegen entschieden, ihren Geburtsnamen aufzugeben. Man kann ihr einiges übelnehmen, aber das nicht.

Deutsche Staatsbürgerinnen müssen zwar keinen anderen Nachnamen mehr annehmen oder dranhängen, aber hierzulande leben auch Frauen, die keine deutschen Staatsbürgerinnen sind. Für viele ist dieser Zwang heute noch Realität. Es gibt übrigens keinen Staat, der Männer zwingt, ihren Namen aufzugeben. Hierbei handelt es sich um eine institutionelle Diskriminierung, von der nur Menschen getroffen werden, die als Frauen registriert sind. Diese Regelung spiegelt das Besitzverständnis in heterosexuellen Zusammenhängen wider: Ab dem Zeitpunkt der Eheschließung gehört die Frau dem Mann und muss entsprechend heißen. Sie ist keine eigenständige Person mehr, sondern nur noch Teil einer Familie. Nicht wenige Frauen berichten von einer Identitätskrise als Folge der Namensänderung, ganz zu schweigen von dem bürokratischen Albtraum, der damit verknüpft ist und noch größer wird, wenn das Paar sich scheiden lässt und die Frau wieder zu ihrem Geburtsnamen wechselt.

Natürlich gibt es auch Männer, die sich für einen Doppelnamen oder den Namen der Frau entscheiden. Ihre Entscheidung ist jedoch freiwillig, in der Regel ein politischer Akt. Kramp-Karrenbauer musste den Namen ihres Mannes dranhängen, weil sie Frau ist. Sich über etwas lustig zu machen, wozu eine Frau aufgrund ihres Geschlechts gesetzlich gezwungen wurde, ist dasselbe, wie sich darüber lustig zu machen, dass sie Frau ist.

Kritische Stimmen wurden selbst von denen laut, die sich mit der Politik Kramp-Karrenbauers nicht identifizieren können. Und dann kam die Karnevalssendung, in der AKK als „Putzfrau Gretl" auftrat. Ihr Auftritt überbot den „Witz" über ihren Nachnamen nicht nur an Geschmacklosigkeit, sondern auch in Sachen Diskriminierung.

Kramp-Karrenbauer arbeitete sich an Männern in Berlin ab und erklärte intergeschlechtliche und enby (nicht zwei-geschlechtliche) Menschen zu Männern: „Wer war denn von euch vor Kurzem mal in Berlin? Da seht ihr doch die Latte-Macchiato-Fraktion, die die Toiletten fürs dritte Geschlecht einführen. Das ist für die Männer, die noch nicht wissen, ob sie noch stehen dürfen beim Pinkeln oder sitzen müssen." Ihre Aussage hat drei Ebenen, denen mit Vorsicht zu begegnen ist.

Latte Macchiato und Männlichkeit: Warum so gehässig? Das ist doch einfach nur ein Glas warme Milch mit einem Schuss Espresso – was ist schlimm daran, wenn Männer ein Milchgetränk trinken? Die Antwort lautet: weil das Getränk nicht mit toxischer Männlichkeit vereinbar ist. Ein echter Mann, nach dem sich Kramp-Karrenbauer und die CDU sehnen und den sie am liebsten wieder so einführen würden, denn früher war ja alles besser, trinkt kein Milchgetränk – er ist doch kein Bub. Nein, er trinkt Schweiß, Tränen von Frauen, die er schlägt und Sockensaft nach einem anstrengenden Tag auf der Arbeit. Dann ist man Mann. Vor allem sollten sich cis Männer an diesem „Witz" stören – immerhin werden sie diskriminiert, weil sie in eine für sie bestimmte Rolle nicht hineinpassen. Es geht aber um noch etwas anderes bei diesem Getränk, etwas, das man zwar spürt, aber nicht gleich beschreiben kann. Es geht um…

Latte Macchiato und Klasse: Das Getränk steht für Ungerechtigkeit. Es soll die Diskriminierung ansprechen, der „das Volk" ausgesetzt sei. Wer sich von Latte Macchiato distanziert, positioniert sich weit weg von einer „Elite". Ja, auch wenn man wie im Falle Kramp-Karrenbauer und eigentlich aller Rechtspopulist*innen der Elite angehört. Lippenbekenntnisse sind ausreichend. Sich an Latte Macchiato abzuarbeiten ist das neue „Wir sind das Volk". Ohne überhaupt das Wort „Ungerechtigkeit" in den Mund zu nehmen, drückt Kramp-Karrenbauer aus: „Ich bin auf eurer Seite und die da drüben in den Berliner Cafés mit Toiletten fürs dritte Geschlecht sind für euer Elend verantwortlich." Man kann davon ausgehen, dass sie versucht, die AfD-Wähler*innen für die CDU zurückzugewinnen. Sie liefert keine Witze, sondern politische Botschaften. Ihr Auftritt ist keine Comedy-Show, sondern eine Wahlkampfveranstaltung.

Diskriminierung aufgrund der Identität: der dritte Geschlechtseintrag wurde eingeführt für Menschen, die weder Männer noch Frauen sind. Kramp-Karrenbauer spricht nicht-binären und intergeschlechtlichen Menschen die Existenz ab, indem sie sie für cis Männer erklärt. Im Anschluss wertet sie sie ab, indem sie sagt, dass sie nicht wüssten, wie sie zu pinkeln haben. Kramp-Karrenbauer ist die Vorsitzende der bisher stärksten politischen Partei Deutschlands und es besteht eine starke Wahrscheinlichkeit, dass sie Kanzlerin wird. Die Politikerin, die sich klar gegen Ehe für alle positioniert, liefert mit der betreffenden Performance die unmissverständliche Botschaft, dass sie keine Existenzen annimmt, die außerhalb von Zweigeschlechtlichkeit liegen.

Ja, man kann Witze über Menschen machen. Diskriminierte Gruppen wollen nicht so behandelt werden, als wären sie zerbrechlich. Intergeschlechtlichen und nicht-binären Menschen die Existenz und die Identität abzusprechen ist jedoch kein Witz. Mit ihrer Performance untermauert Kramp-Karrenbauer die Diskriminierung einer ohnehin marginalisierten Gruppe. Es ist keine Gleichberechtigung, sondern eine weitere und zwar schwere Diskriminierung der betroffenen Gruppe.

Im Türkischen gibt es ein Sprichwort: „Furzt der Imam, so kackt die Gemeinde."[29] Das heißt, wenn Menschen mit Macht oder Vorbildfunktion etwas Unanständiges machen, nimmt das der Rest der Gesellschaft auf und haut einen drauf. Den Wind, den Annegret Kramp-Karrenbauer sät, werden marginalisierte Menschen als Sturm ernten müssen.

---

29 "İmam osurursa cemaat sıçar."

Hallo, wen interessiert's?

Ein offenes, peinliches Buch

Die Narbe

30.10.2018, Missy Magazine

„Glück ist für schwache Menschen. Hier geht es ums Überleben."
- Naomi Bunch, Crazy Ex-Girlfriend

Diese Woche hat mich ein Geist aus meiner Vergangenheit besucht. Die Befreiung, die ich erwartet habe, hat er mir nicht geben können. Ich war Anfang zwanzig, als ich mich in einen jungen Mann verliebt habe. Er war ein paar Jahre älter als ich, ein Physikstudent aus Istanbul, ein Gitarrist. Er hatte lange, dunkelblonde Haare. Wir waren ein Jahr zusammen.

Dieser Mann hatte eine Tendenz zur Gewalt. Er hat mich nie geschlagen, aber wenn ich jetzt auf die Beziehung zurückblicke, sehe ich, dass ich ständig Angst vor ihm hatte. Wie klein ich mich fühlte. Machtlos, bevormundet. Seine Gewalt war subtil, sie war emotional.

Er redete ständig meine Fähigkeiten, meine Erfolge, meine Emotionen und meine Freund*innenschaften klein. Er vermittelte mir jeden Tag das Gefühl, dass ich froh sein sollte, ihn zu haben, weil ich nichts Besseres verdiene. Und die Kontrolle. Er wusste immer Bescheid. Von jedem Schritt. Er hatte jedes Passwort. Überzeugt von meiner Wertlosigkeit, machte ich mit.

Während ich das aufschreibe, schäme ich mich. Als würde diese Erinnerung für immer und ewig an mir kleben, wenn ich sie aufschreibe. Als würde ich sie hiermit selber verewigen, als würde mich diese Erfahrung definieren, sobald ich sie aufschreibe. Sichtbar wie eine Tätowierung auf meinem Gesicht für alle, die das hier lesen. Ich habe Angst, dass mein Ich nicht mehr durchkommt wenn mich jemand ansieht und an diese Geschichte denkt. Als würde sie verschwinden, wenn ich sie lang genug verschweige, wenn ich sie einfach für mich behalte. Es ist so lange her. Über zehn Jahre. Ich habe immer noch Angst vor dieser Erinnerung.

Diese Woche bekam ich eine Nachricht von diesem Mann auf Facebook. Plötzlich. Sofort spürte ich einen Druck auf meinem Brustkorb. Es war eine Antwort auf eine Nachricht von mir aus 2015. Kurz vor meinem 30. Geburtstag, also lange nach der Trennung, hatte ich einen Blogbeitrag veröffentlicht, mit dem ich meine Erfahrungen dieser Beziehung versucht hatte zu verarbeiten. Etwa so wie jetzt. Nach der Veröffentlichung habe ich ihm wohl den Link geschickt, der in seinem „Sonstiges"-Ordner gelandet ist, weil wir keine gemeinsamen Freund*innen haben. Ich hatte völlig vergessen, dass ich ihn damals anschrieb. Er bekam die Nachricht erst diese Woche, konnte den Link nicht mehr öffnen, weil der Bloganbieter inzwischen weg ist. Er bat mich, ihm den Text noch mal zu schicken. Ich wusste nicht mehr, was ich genau geschrieben hatte, fand den Text in meinem Archiv und las nach.

Beim Lesen wurde mir klar: Ihm vor drei Jahren den Link gesendet zu haben, war ein Versuch meinerseits, ihn zum Nachdenken zu bringen, damit er reflektiert und versteht, was er mir angetan hat, wie er mich traumatisiert hat. Ich wollte, dass er mich um Entschuldigung bittet. Damals, als ich es noch gebraucht habe. Innerhalb der letzten drei Jahre hat sich aber viel in mir geändert. „Ich werde dir den Link nicht noch mal senden, weil das mein Ego war, das eine Entschuldigung von dir erwartet hat. Aber inzwischen brauche ich die nicht mehr", schrieb ich ihm.

Daraufhin ist etwas passiert, mit dem ich nicht gerechnet hätte: Er hat mich um Entschuldigung gebeten. Und ich wollte ausrasten. Einfach ausrasten. Wegen ihm bin ich nie ausgerastet. Vielleicht, wenn ich jetzt schreie und mich am Boden wälze, wird mein Brustkorb leichter. Wenn ich weine, ist das alles vielleicht wieder weg. Vielleicht fühle ich dann etwas. Überhaupt irgendwas.

Aber ich saß da mit dem Laptop vor mir, starrte auf den Bildschirm und fühlte absolut nichts. Als wäre ich betäubt. Ich bin nicht ausgerastet. Mein Brustkorb wurde nicht leichter. Seine Entschuldigung hat mich nicht befreit.

Viele von uns machen Gewalterfahrungen, manchmal emotional, manchmal auch körperlich. Die Wunden können sich zu Narben entwickeln, manche heilen nie. Die trägt man für immer mit sich herum. Eine Auseinandersetzung mit den Täter*innen ist kein für alle geltendes Rezept. Ich dachte immer, dass meine Narbe verschwände, wenn ich ihn konfrontieren würde. Aber ich glaube, manchmal ist es besser, den Umgang mit der Vergangenheit zu lernen. Für sich. Herauszufinden, wie man sich selber um sich kümmert, sich selber regeneriert. Die Befreiung kann unter Umständen auch von innen kommen.

Manche Sachen kann man nämlich einfach nicht verzeihen. Manchen Menschen kann man nicht verzeihen. Die Erwartung einer Befreiung durch Täter*innen kann einem Menschen aber im Weg stehen, glücklich zu werden, zumindest war das bei mir der Fall. Auch in der Erwartung, verstanden zu werden, steckt der Wunsch nach der Anerkennung der Täter*innen. Das eigene Glück darf aber nicht von der Absegnung derer abhängen, die uns an erster Stelle unglücklich machten. An sie solch einen Anspruch zu stellen, dass sie dafür sorgen, dass es uns wieder gut geht, ist ein verlorener Kampf. Es ist so, als würden wir mit denen, die uns verletzt haben, um Glück feilschen. Oder wird eher um Gerechtigkeit gehandelt? Ich weiß es nicht. Jedenfalls weiß ich, dass es für mich nicht von meinem Exfreund abhängen sollte, ob ich jemals wieder glücklich werden kann. Inzwischen weiß ich, dass das eine Falle ist.

Er hat mich um Entschuldigung gebeten, ich habe mich bei ihm bedankt und habe nichts mehr geschrieben. Der Geist ist jetzt weggezogen, aber die Erinnerung ist da. Die Erfahrung ist noch immer da. Die Narbe ist da. Ich muss jetzt lernen, wie ich damit umgehe.

Keine Modeerscheinung

06.08.2019, Missy Magazine

…ich habe Durst blaue Plastikflasche neben der Couch die Trinkflasche vom Laden ist kaputt Kassenzettel liegt auf dem Tisch da kam eine E-Mail an mit Werbung Mutter schickt das Kleid zurück noch eine E-Mail mit Werbung kündigen geht nicht weil der Link nicht funktioniert scheiß Kundenservice reagiert nicht du musst dich beim Anwalt melden hol dir Wasser Schwindel es ist mittags ich mach mir jetzt Wasser warm muss die Pflanzen gießen…

Schon immer war es für mich fast unmöglich, mich zu konzentrieren. Seitdem ich mich erinnern kann. Es ist nur ehrlich zu sagen, dass ich in der Schule so gut wie nichts gelernt habe. Das liegt einerseits daran, dass das Bildungssystem in der Türkei auf Auswendiglernen basiert und nicht auf Verstehen, andererseits aber auch daran, dass ich schlechte Schulen besucht habe. Gute Schulen haben jene besucht, die gute Noten hatten. Es waren die Kinder, deren Eltern studiert hatten. Die bekamen Hilfe bei den Hausaufgaben. Ich konnte nicht mal meine Schulbücher lesen.

Ich war überzeugt, dass meine Unfähigkeit zu lernen und zu verstehen oder überhaupt zuzuhören oder zu lesen mit mangelnder Intelligenz zusammenhängt. Bis bei mir 2015 Aufmerksamkeitsdefizit-Hyperaktivitätsstörung (ADHS) und post-traumatische Belastungsstörung (PTBS) diagnostiziert wurde: zwei Zustände, die Konzentrationsschwächen verursachen.

…Deadline naht du musst liefern auf Instagram ist eine Story über Körperbehaarung die Diskussion über fat shaming hast du auch mitbekommen mein Mund brennt inzwischen vor lauter Durst gehe jetzt endlich was trinken blaue Plastikflasche neben der Couch Freundin in Köln hast du das Geld überwiesen Katzenvideo lese deine E-Mails hast du den Tisch gewischt gratis vögeln schreibe das Fitnessstudio an…

In meinem Kopf ist es wie in der Achterbahn. Die Gedanken

laufen ab wie ein Film im Schnellvorlauf, der aber nicht am Anfang beginnt und am Ende aufhört, sondern ständig zwischen vorne und hinten rumspringt. Der Inhalt besteht aus meinem ganzen Leben und mehreren alternativen Zukunftsvorstellungen. Gleichzeitig denke ich an Dinge, die vor zehn oder fünfzehn Jahren passiert sind, Dinge, die jetzt passieren oder passieren müssen, und Dinge, die ich hätte sagen oder machen müssen, die dann so und so gelaufen wären. Ich bin selten im Hier und Jetzt.

2015 kam ich auf die Idee, mich untersuchen zu lassen. In einer Klinik in NRW wurde ich getestet, musste mir Bilder anschauen, auf Knöpfe drücken, Linien zeichnen, intime Gespräche führen, unangenehme Fragen beantworten, Fremde zu nah an mich heranlassen. Ich hasse Krankenhäuser und Kliniken, ich mag keine Therapiesituationen, ich hasse es, Menschen von den unangenehmsten Teilen meines Lebens zu berichten, die keinerlei Reaktionen darauf zeigen. Ich finde es einfach unheimlich.

…heute ist Weltfreundschaftstag wann hast du das letzte Mal deine beste Freundin gesehen es war 2013 erinnerst du dich an den Reißverschluss an deinem letzten Tag in Antalya als du gepackt und an Mimi gedacht hast und Angst hattest dass du deine beste Freundin zurücklässt und wegziehst dann lief deine Mutter ins Zimmer und hat dich gefragt was los ist heute ist Weltfreundschaftstag schau dir Mimis Fotos an da ist eine Katze lila Wände mit alten Fotos wir hatten da mal eine Party gefeiert kratz das Ding mit den Fingernägeln weg weißt du noch wie ekelhaft das war ich habe immer noch Durst im Späti steht dieser Mann der ein gestreiftes T-Shirt anhat komische Mails kommen immer weiter rein Mimis Fotos wir waren da im Urlaub ihre Schwester bekam jetzt ein Baby…

Als mir im Anschluss der Untersuchungen mitgeteilt wurde, dass ich ADHS und PTBS habe und meine Konzentrationsschwäche nur daran läge, habe ich angefangen zu weinen. Aus Erleichterung. Ich wusste endlich, warum ich so bin. Endlich konnte ich eine Lösung finden.

Jetzt bin ich erwachsen, ich habe mein ganzes Leben mit diesem

Gehirn verbracht. Mir ist es nicht gelungen, zu Ende zu studieren. Ich kann weniger lesen als andere, weil ich um Dimensionen langsamer bin als die anderen, weil ich jeden Absatz mehrfach lesen muss, bis ich es geschafft habe, von Anfang bis Ende durchgehend konzentriert zu bleiben. Ich habe seit Stunden Durst und sitze hier am Schreibtisch, weil ich immer wieder erneut vergesse, dass ich Durst habe.

...Tagesschau abbrechen und paar Kolumnen lesen Bewerbung musst spülen aber warte zuerst noch kurz mit der Freundin reden Katze miaut mach doch die Tür jetzt auf was war das ist jemand im Flur geh mal schauen wo ist der Schlagstock wieso hast du die Selbstverteidigung abgebrochen Verabredung am Wochenende mach dich nicht verletzbar zeige keine Schwäche ich hasse dich miau hast du heute Wasser getrunken lade dein Handy auf mach dein Zimmer fertig lies Nachrichten trink jetzt endlich ein Glas Wasser verdammt noch mal wo ist der Tacker...

Viele halten ADHS bloß für eine Modererscheinung. ADHS ist aber mein Alltag. ADHS ist alles, was ich kenne. Es ist die größte Herausforderung in meinem Leben, mit der ich jeden einzelnen Moment konfrontiert bin, viel mehr als damit, eine Frau oder eine Migrantin zu sein. Auch wenn ich in meinem Zimmer alleine bin, mich niemand rassistisch oder sexistisch angehen kann, ist ADHS da, um mir auf die Nerven zu gehen. ADHS ist die krasseste von all den Realitäten, die ich kenne.

Für immer verpeilt
2019

Ich arbeite zwar schon seit Jahren, habe aber weder einen Studien-abschluss noch eine Berufsausbildung. Da ein akademischer Abschluss bei vielen Jobs die Voraussetzung ist, wird man oft aussortiert. Für viele Stellen, für die ich eigentlich eine starke Kandidatin wäre, kann ich mich nicht einmal bewerben. Wer schon mal eine Ausschreibung gesehen hat, weiß, was ich meine.

Als ich 2018 einen Job als Pressereferentin bekam, musste meine damalige Vorgesetzte schriftlich begründen, warum sie mich beschäftigt und mir genauso viel zahlt wie den anderen. Die Ausschreibung für den Job setzte nämlich voraus, einen Hochschul-abschluss zu haben, ich hatte mich aber trotzdem beworben und in meinem Bewerbungstext ungefähr so was geschrieben wie: „Ich habe zwar keinen Abschluss, aber dafür bin ich halt ultra smart."

Einst fragte mich eine Kollegin, wo ich denn alles gelernt habe, wenn ich nicht studiert habe: „Hast du dir das alles selber beigebracht? Dann bist du ja *wirklich* intelligent." Nicht studiert zu haben, bedeutet also auch, sich ständig erklären und rechtfertigen zu müssen. Vor allem bedeutet das, dass dein Potenzial infrage gestellt wird.

Die Schwierigkeiten bei der Jobsuche und die Zukunftssorgen führten dazu, dass ich mich dieses Jahr für einen Studienplatz beworben habe. Als ich im August die Zulassung bekam, habe ich mich sehr gefreut. Am nächsten Tag bin ich in den Urlaub gefahren, der schon lange anstand, und war drei Wochen weg. Erst als ich wiederkam, habe ich gemerkt, dass die Zulassungsbescheinigung noch eine vierte Seite hat, und dass ich bis zum 30. August meinen Studienplatz hätte annehmen müssen. Da lag ich halt am Strand.

Ich habe ADHS und PTBS, beides sind Zustände, die Konzentra-tionsschwäche verursachen und es erschweren, Aufgaben, die aus mehreren Schritten bestehen, bis zum Ende durchzuführen. Ein Geräusch, ein Geruch, ein Wort, eine Melodie löst eine Kettenreaktion von Gedanken und Gefühlen aus, und man fliegt raus aus dem, woran man arbeitet. Später weiß man oft nicht mal mehr, woran man gearbeitet hat. Es braucht einen durchstrukturierten Alltag, um damit umzugehen, um sich an Fristen und andere wichtigen Termine halten zu können. Viele Betroffene nehmen Medikamente.

Es ist für eine Person in meinem Zustand also ganz typisch, ein Dokument aus mehreren Seiten nicht bis zu Ende zu lesen, bzw. noch nicht mal zu merken, dass da noch eine weitere Seite ist. Wenn man kein System für sich entwickelt, um mit solchen Situationen umzugehen, wird man erstens enorm benachteiligt, und zweitens wiederholt es sich, und man verschwendet Ressourcen, um die Folgen der Dauerverpeiltheit rückgängig zu machen. Es klappt nicht immer. Es benötigt ständiges System und Training – sonst ist man für immer verpeilt.

Ich habe gleich die Studienberatung angerufen und die Situation erklärt. Die Person am Telefon sagte, dass ich das Studierenden-sekretariat anrufen muss. Als ich das Studierenden-sekretariat angerufen habe, hieß es, dass ich das akademische Auslandsamt anrufen muss, weil ich ein ausländisches Zeugnis habe. Als ich das akademische Auslandsamt angerufen habe, wurde mir gesagt, dass es schon zu spät sei, da mein Studienplatz schon im Nachrückverfahren vergeben wurde. Dass alle Plätze voll seien. Dass es zu spät sei. Ich kam mir vor wie K. aus Kafkas Roman *Das Schloss.*

Als ich am Telefon mehrfach gefragt habe, ob wir wirklich nichts mehr daran ändern können, gab mir die Person eine Mailadresse, wo ich mich melden soll. Ich habe es getan, leider bekam ich keine Antwort.

Am darauffolgenden Tag hätte ich mich immatrikulieren lassen müssen, hätte ich meinen Studienplatz angenommen. Ganz so als wäre alles in Ordnung gewesen, habe ich meine Unterlagen eingepackt, mich fertig gemacht und schön geschminkt, um keinen besonders chaotischen Eindruck zu machen, aber auch nicht zu viel, damit ich noch ernst genommen werde, und bin losgefahren. Ich wollte mich in Zukunft nicht fragen müssen, was passiert wäre, wenn ich nicht doch drangeblieben und hingegangen wäre, es ein letztes Mal ausprobiert hätte. Ich war bereit, mich auf eine Diskussion und ungefragte Ratschläge wie „nächstes Mal passen

Sie besser auf", einzulassen, oder mich gegebenenfalls am Boden zu wälzen. Ich war sehr nervös.

Als ich an der Uni ankam, saß gerade die Person, der ich am vorherigen Tag die Mail geschrieben hatte, am Tisch. Ich bin hineingegangen und habe gesagt:

- Hallo. Bei mir handelt es sich um einen besonderen Fall. Ich habe nämlich meinen Studienplatz nicht angenommen. Ich dachte aber trotzd...
- Ach. Da war doch was. Da war doch eine Entscheidung. Eine positive Entscheidung.
- *fängt an, ein bisschen zu weinen* Wirklich?
- Ja. *schreit in den Flur hinein* Bringen Sie mir bitte einen Immatrikulationsbogen! *dreht sich zu mir* Setzen Sie sich doch hin. Die Nächste bitte!

Ich konnte kaum fassen, was für ein Glück ich hatte – es hat geklappt! Ich war jetzt doch schon eingeschrieben, obwohl es so unmöglich aussah. Endlich ausatmen...

Im Studium bekommen Studierende mit körperlichen oder psychischen Beeinträchtigungen Nachteilsausgleich. Welche diese sein können, wird immer individuell entschieden. Der Antrag ist jedoch aufwändig, besteht aus mehreren Schritten und ist nicht so barrierearm, wie er sein sollte.

Bei meiner Studienbewerbung habe ich keine Behinderung angegeben, ADHS oder PTBS sind ja auch keine Behinderungen. Ich weiß aber nicht, ob die Bewerbungsphase für mich barriereärmer gewesen wäre, wenn ich es getan hätte. Ob dann auf der ersten Seite des Zulassungsbescheids ein auffälliger Hinweis platziert wäre, um mich zu informieren, dass ich mich noch einmal bei der Universität melden muss, um meinen Studienplatz anzunehmen? Ich bezweifle es. Ich weiß nur, dass es etwas gebracht hat, dran zu bleiben.

In zwei Wochen fängt mein Studium an. Ich freue mich darauf. Auch wenn ich weiß, dass ich mein Leben und meinen Studienalltag so gestalten muss, dass der Stress, den ich bei meiner Immatrikulation hatte, sich nicht als Dauerzustand etabliert.

Heimweh, das Arschloch

24.03.2020, Missy Magazine

Es ist Anfang Februar 2020. Mein Wecker klingelt. Ich schalte ihn aus und sage mir: Du musst aufstehen, du musst zur Arbeit. Und dann sage ich mir: Paar Minuten noch. Ich schlafe ein.

Mein Wecker klingelt. Ich schalte ihn aus. Ich sage mir: Du kommst zu spät zur Arbeit. Stehe auf, koch dir einen Kaffee und fahre los. Mein Körper ist schwer wie ein Stein. Ich schlafe ein.

Mein Wecker klingelt. Ich stehe auf, koche mir einen Kaffee. Ich ziehe mich an, gehe los, nehme die Bahn, steige aus, laufe noch circa 15 Minuten.

"İçimden şehirler geçiyor,
Her durakta duruyor, inmiyorsun."
- Feridun Düzağaç

Auf dem Weg höre ich meine Heimweh-Playlist mit türkischer Popmusik und das Heimweh tritt wie ein Arschloch. Wer hätte gedacht.

Ich laufe zur Arbeit und weine. Es regnet, ich habe meine Kapuze an. Niemand sieht mein Gesicht. Es sind nur wenige Menschen unterwegs, trotzdem soll das niemand sehen. Im Sommer helfen eine große, schwarze Sonnenbrille und ein knallroter Lippenstift, den Kummer von der Welt zu verheimlichen. Wie eine Maske. Im Winter eben eine Kapuze. Es regnet eh.

"Yağmur bulutu unutursa,
Dalında çiçeği kurutursa,
Yar benden utanırsa,
Düşündüm, düşümden ayrı kaldım."
- Sibel Alaş/Mustafa Sandal

Ich weiß noch, wie mir meine Tante vor über zehn Jahren erzählte: „Auf der Arbeit wurde einer Kollegin ein Bein amputiert. Als ich es erfuhr, wollte ich nur mit der Faust auf meine Brust hauen und weinen. Aber Gefühle haben keinen Raum in Deutschland."

Ich denke an Zuhause. An die Straßen, die Farbe der Steine, der Wände. Ich denke an die Bäume, an den Himmel, an die Autos, die die Straßen meiner Kindheit langfahren, hupen, so fahren, als wären sie allein in der Welt, als würden sie dich bewusst überfahren wollen. Ich denke an meine Freundin Melike, die ich seit Jahren nicht mehr gesehen habe. Ich denke an den Strand, an die Berge. An die Wärme, die Hitze. Die Musik sticht wie ein Arschloch.

> *"Eğil dalga, bükül demir,*
> *Güzelliğin gerçek değil.*
> *Pencerem kör, kapım kitli,*
> *Bu bendeki seyir değil."*
> *- Zülfü Livaneli/Ahmet Çuhacı*

Ich komme auf der Arbeit an. Ich lächele alle an, sage hallo, setze mich an meine Arbeit, schreibe zwölf Seiten voll. Ich trinke einen Kaffee, esse was, schreibe weiter. Ich mache Feierabend, gehe los. Kapuze und Kopfhörer an. Ich laufe nach Hause. Ich saß den ganzen Tag am Schreibtisch, mir ist nach Laufen.

Ich höre Musik und träume von einer Gegenwart, die es nicht gibt, bis meine Gedanken anfangen, um die Vergangenheit zu kreisen. Ich denke an das letzte Mal, als ich zuhause war. Ich denke an den letzten Mokka, den ich getrunken habe. Ich saß draußen vor einem Café am Hafen in Istanbul. Es war sehr warm, sehr sonnig, ein wenig windig. Es war der 15. Juli 2016. Es war einfach perfekt.

Ich war erst früher an dem Tag in Istanbul angekommen, sollte hier drei Monate ein Redaktionspraktikum machen. Ich kam morgens an, brachte meine Sachen ins Zimmer, das ich gemietet hatte, und ging spazieren. Auf dem Weg habe ich ein paar Katzen getroffen. Der Weg war hügelig. Istanbul ist eine sehr katzige und hügelige Stadt. Als ich am Hafen ankam, setzte ich mich in den Außenbereich eines Cafés und bestellte mir einen Mokka und ein Mineralwasser. Der Wind in meinem Haar roch nach Meer. Ich war so glücklich.

> *"Senden uzakta hep bir şeyler eksik,*
> *Gönlümde derman yok inan bir nefeslik.*
> *Ne bir avuntu, ne de biraz ümit,*
> *Ne yaptın bana? Nedir bu sessizlik?*
> *İçimde bir şey acıyor sen gelince aklıma – her şeyim. "*
> *- Gökhan Kırdar*

Später am Abend trank ich Bier mit meinen Kumpels in Taksim und das Militär versuchte zu putschen. Ich fuhr mit einem meiner guten Freund*innen in seine Wohnung. Wir wussten nicht, ob morgen die Polizei oder das Militär die Macht haben wird. Keine dieser Alternativen war optimal. Das Militär wurde verhindert. Sechs Tage später brach ich mein Praktikum ab und flog zurück nach Deutschland. Seitdem war ich nicht mehr zuhause.

Jetzt bin ich in Deutschland. Nach der Arbeit laufe ich nach Hause und höre dabei meine Heimweh-Playlist. Wenn ich zuhause ankomme, spielt die Playlist weiter, während ich koche. Die Musik verletzt wie so ein richtiges Arschloch. Ich weine beim Kochen. Ich mache die Herdplatte aus und setze mich hin. Und schreibe: Alle Menschen, die ich je geliebt habe, sind so weit weg. Alles, was ich je erlebt habe, liegt so weit zurück. Ich habe das Gefühl, hier ausgelöscht zu werden. Das macht das mit dir. Nicht nur deine Vergangenheit wird ausgelöscht. Auch deine Gegenwart wird dir genommen. Die Welt dreht sich weiter. Nur, ich verstehe nicht, wieso.

Vor einigen Wochen schrieb mir eine Freundin über Facebook. Ich weiß nicht nach wie vielen Jahren nachdem wir uns das letzte Mal gesehen haben, sagte sie mir, dass sie mich vermisst. Ich hatte gedacht, dass sie mich längst vergessen hätte. Sie schrieb mir, dass sie immer an mich denken muss, wenn sie zu lange auf ihre Katze starrt. Das heißt: Sie erinnert sich. Unsere gemeinsamen Erinnerungen leben noch. Ich lebe quasi bei ihr zuhause, bin Teil ihres Haushalts, Teil ihrer Katze. Das tut gut. Tut aber auch weh. Sie hat geheiratet, ich war auf ihre Hochzeit eingeladen, konnte aber nicht hin. Ich habe so ein schlechtes Gewissen, ich will nicht, dass sie denkt, dass sie mich nicht besuche, weil ich sie nicht mehr liebe. Es ist einfach kompliziert.

Ich sitze da auf der Couch und denke an ein anderes Leben. Das Heimweh tritt. Wie so ein Arschloch.

"Sen bir yerlerde,
Ben bir şehirde,
Akşam olunca,
Beni hatırla."
- Ayşegül Aldinç/Nazan Öncel[30]

30 Sibels Heimwehplaylist auf Spotify: https://open.spotify.com/play-list/0fBT9WKNVndJe03O3P9F9c?si=e_fx8drQSKaqZ1XRA3S34Q

Eine Antwort auf Cigdem Toprak

29.10.2019, Missy Magazine

Ich habe lange überlegt, ob ich auf Cigdem Topraks WELT-Kommentar vom 17. Oktober 2019 antworte. In ihrem Artikel hat sie u.a. geschrieben, dass es in der Türkei keinen Rassismus gegen Kurd*innen gebe. Diese Aussage versuchte sie mit Beispielen aus dem Militär und anhand des kurdischen Sängers Ahmet Kaya zu beweisen. Ich habe so viel dazu zu sagen. Ich weiß nicht, wo ich anfangen soll. Ich glaube, ich fange am besten mit den Schuljahren an.

In jedem Klassenzimmer in der Türkei hängen vier Bilderrahmen, oft über der Tafel, sodass die Schüler*innen sie durchgehend sehen müssen. In diesen Rahmen befinden sich jeweils der Text der Nationalhymne, ein Bild von Atatürk, die türkische Fahne und ein Ausschnitt einer von Atatürks berühmten Reden, in dem er sich an die „türkische" Jugend wendet und sie auf ihre patriotischen Pflichten hinweist.

Zwischen 1933-2013 sammelten sich jeden Morgen vor dem Schultag alle Schüler*innen am Schulhof, stellten sich zum Appell auf und schwuren einen Eid, der mit „Ich bin Türke – ich bin aufrichtig" begann und mit „möge meine Existenz ein Geschenk für die türkische Existenz sein" endete. Jeden Morgen, fünf Mal die Woche, acht Jahre lang musste dieses Ritual wiederholt werden. So starteten alle Schüler*innen in der Türkei ihren Schultag mit dem Satz „Ich bin Türke" – egal, ob sie Türk*innen waren oder nicht. Jeden Morgen schwuren sie einen Eid, ihre Existenz der türkischen Existenz zu widmen und zu opfern. Bis es 2013 abgeschafft wurde. Jedes Jahr 190 Mal. Acht Jahre lang. Insgesamt 1520 Mal wiederholten sie es.

1520 Mal mussten kurdische, armenische, griechische und andere Schüler*innen in der Türkei auf dem Schulhof darauf schwören, „Türken" und aufrichtig zu sein. Auch jene Schüler*innen, die später in Topraks Text als stolze Teile des diversen türkischen Militärs auftauchen. Diese sind aber erst kurdisch, armenisch oder griechisch, wenn sie sich bei ihrer Ankunft bei der Armee überhaupt noch daran erinnern können, wer sie sind. Wenn ihre Identität noch nicht ausgelöscht wurde. Denn es bleibt nicht bei dem morgendlichen Eid in der Schule. In den 1990er Jahren tauchte das Wort „Kurden" im Lehrplan nicht einmal auf. Dieses Wort habe ich während meines gesamten Schullebens kein einziges Mal im Unterricht gehört.

In den 1990er Jahren herrschte in der Türkei ein Bürgerkrieg. Die Fernsehnachrichten zeigten tagtäglich Soldatenbeerdigungen, auf denen weinende Eltern versuchten, schreiend die Särge ihrer toten Kinder zu umarmen, ihr Kind ein letztes Mal zu drücken. Diese starben im Kampf gegen den Terror, hieß es. Das Problem ist aber, dass all jene, die es wagten, ihre kurdische Identität offen auszusprechen, Terrorist*innen hießen. „Ich bin Kurdin" bedeutete für die überwiegende Mehrheit der Türk*innen: „Ich bin Terroristin." Während der sogenannten Friedensverhandlungen zwischen 2009 und 2014 hatte sich das verbessert. Heute erlebt das Land einen Rückfall in Kurdenfeindlichkeit.

Die Soldatenbeerdigungen gehören zur Kindheit all jener, die in den 1990ern in der Türkei aufgewachsen sind. Alle Kinder sahen diese Bilder jeden Abend im Fernsehen. Mit melancholischer Musik im Hintergrund. Alle Instanzen, alle Institutionen der Türkei stützen sich auf eine türkische Nationalidentität, die alles andere ersetzt und gar erstickt.

In der Türkei gibt es Wehrpflicht für Männer. Ohne Hochschulabschluss dauert sie 12 Monate, mit sechs Monaten und einem besseren Posten können jene Männer rechnen, die eine Hochschule absolviert haben. Außerdem kann gegen eine stolze Bezahlung von 35.000 Lira die Dauer der Wehrpflicht auf 21 Tage verkürzt werden. Das nennt sich „bezahlte Wehrpflicht".

Das Jahreseinkommen von cis Männern in der Türkei betrug im Jahr 2018 im Schnitt 47.515 Lira. Arbeiter ohne Qualifizierung verdienten im selben Jahr im Schnitt 32.333 Lira. Der Preis der bezahlten Wehrpflicht ist also höher als das Jahreseinkommen mancher Arbeiter. Diese müssen sich entweder für ein ganzes Jahr zum Militär stellen oder sich massiv verschulden. Allerdings sind bereits 70 Prozent der türkischen Bevölkerung verschuldet. Alle diese Zahlen stammen aus den Daten des türkischen Statistikinstituts[31] Natürlich gibt es auch Soldaten, die freiwillig in die Armee gehen. Das dürfte aber den kleineren Teil ausmachen. Der Wehrpflicht in der Türkei zu entkommen ist gar nicht so leicht. Das können sich in der Regel nur jene leisten, die aus einflussreichen oder wohlhabenden Familien kommen. Zum Beispiel musste Bilal Erdoğan, der Sohn des türkischen Präsidenten, eben nicht in die Armee. Vor und nach ihm mussten das auch nur in seltenen Fällen Familienmitglieder einflussreicher Politiker*innen.

Wehrpflichtverweigerung aus Gewissensgründen ist nicht möglich. Von Wehrpflicht betroffen sind jene Menschen, denen bei der Geburt das männliche Geschlecht zugewiesen wird. Homosexualität kann unter Umständen von der Wehrpflicht befreien, allerdings nur gegen Begutachtung. Diese Menschen müssen dann vor Mediziner*innen intime Fragen beantworten und „beweisen", dass sie nicht hetero sind. Viele berichten von Misshandlungen bei Untersuchungen und Eingriffen in intime Lebensbereiche. Zudem ist hoffentlich klar, dass es sich dabei nicht um ein Privileg handelt, sondern um einen Ausschluss, weil beim Militär eben nur heterosexuelle cis Männer willkommen sind.

Der Wehrpflicht zu entkommen, kann zudem später im Berufsleben zu Schwierigkeiten führen. Viele Unternehmen möchten keine Männer einstellen, die ihren Wehrdienst noch nicht geleistet haben, weil diese dann irgendwann vielleicht gehen müssen. Daher gehört bei Männern die Frage, ob die Pflicht schon erfüllt sei, zu den Grundthemen eines Vorstellungsgesprächs. Wenn sie von der Wehrpflicht befreit wurden, können sie damit rechnen, dass sie es den Arbeitgeber*innen begründen müssen. Die Befreiung von der Wehrpflicht aufgrund von sexueller Orientierung kann also zu Zwangsoutings auf Vorstellungsgesprächen führen.

Wer versucht, der Armee zu entkommen, macht sich strafbar und kann mit einer Freiheitsstrafe von bis zu drei Jahren verurteilt werden. Mobbing und rassistische Diskriminierung gehören zu den Grundproblemen der Soldaten. Die Suizidquote unter Soldaten ist zweieinhalb Mal höher als innerhalb der Zivilbevölkerung. Zwischen

---

31 http://www.tuik.gov.tr/PreTabloArama.do?metod=search&araType=hb_x (abgerufen am 09.02.2020)

2002-2018[32] nahmen sich insgesamt 1141 Soldaten das Leben. Das ist höher als die Zahl jener Soldaten, die im selben Zeitraum in bewaffneten Auseinandersetzungen starben (812). Auf der Pressekonferenz einer der größten Menschenrechtsorganisationen des Landes, *Mazlumder*, sagte der Vorsitzende Gürcan Onat im Jahr 2012, dass 90 Prozent der Soldaten, die Suizid begehen, Kurden seien. Er kritisierte das Militärgericht und sagte, dass die eigene Justiz des Militärs dazu führe, dass verdächtige Todesfälle nicht ermittelt würden, weil sich Soldaten mit hohem Rang gegenseitig in Schutz nähmen.

Der pensionierte Oberst Mustafa Hacımustafaoğulları sagte 2013 im Gespräch mit der türkischen Tageszeitung *Taraf*, dass viele Soldatensuizide möglicherweise Morde seien, die als Selbstmord hingestellt werden. Er riet Angehörigen, auf Aufklärung zu bestehen.

Cigdem Toprak spricht von der türkischen Armee so, als wäre sie eine Kita im Prenzlauer Berg. Als gebe es keine Wehrpflicht, als würden reiche und einflussreiche Menschen ihre Söhne überhaupt zum Militär gehen lassen, als seien diese sogenannten Diversitätssoldaten alle freiwillig da, als könnten sie dort ihre ethnische oder sexuelle Identität outen und würden dafür nicht mindestens gemobbt, im schlimmsten Fall sogar ermordet werden.

Die Sprache, oder besser gesagt die Sprachlosigkeit der Kurd-*innen in der Türkei, tötet auch. Ich bin mit Nachrichten aufgewachsen von Kurd*innen, die getötet wurden, weil sie Kurdisch sprachen. Wer es googelt, findet unzählige Meldungen dazu.

Ich hätte eine ganz normale Kindheit haben können. Stattdessen musste ich mir acht Jahre lang jeden Morgen am Schulhof beim Eidschwören die Zähne zusammenbeißen und mir immer wieder sagen, dass ich Kurdin bin, um der täglichen Lüge, dass ich Türkin sei, nicht selber glauben zu müssen. Meine junge, alleinerziehende Mutter hat mir kein Kurdisch beigebracht, um mich zu schützen. Ich bin kein Einzelfall, viele kurdische Familien treffen dieselbe Entscheidung, um ihre Kinder zu schützen. Viele Kurd*innen in der

---

32 https://www.cnnturk.com/haber/turkiye/tskda-intihar-sayisi-sehit-sayisini-gecti (abgerufen am 09.02.2020)

Türkei können heute kein Kurdisch, weil es für sie gefährlich ist.

Toprak versucht ihre Aussagen nicht nur mit willkürlichen sondern auch mit zynischen Beispielen zu belegen und so erwähnt sie auch Ahmet Kaya als gelungenes Beispiel für ihren inklusiven Nationalismus. Kaya ist gerade jener kurdische Sänger, der aufgrund des Rassismus, den Toprak zu widerlegen versucht, aus der Türkei fliehen und im Exil sterben musste. Er musste fliehen, weil die mediale Hetzkampagne gegen ihn lebensbedrohliche Dimensionen nahm. Ahmet Kaya sagte 1998 während einer Dankesrede einer Preisverleihung, für sein nächstes Album ein Lied auf Kurdisch aufnehmen zu wollen. Schon während seiner Rede wurde er auf der Stelle attackiert, seine Frau Gülten Kaya konnte gerade einen Lynchversuch entkommen. Das markierte den Start einer medialen Hetzkampagne, die von polizeilichen Untersuchungen begleitet wurde. Wie gefährlich solche Hetz-kampagnen sein können, wissen wir spätestens, seit dem Mord an Tahir Elçi im Jahr 2015. Ähnlich wie bei Kaya startete eine mediale Hetzkampagne gegen Elçi und kurz danach wurde der kurdische Rechtsanwalt vor laufenden Kameras erschossen. Kaya hat zwar das Land verlassen, aber lange lebte er im Exil nicht – viele glauben, dass er an Kummer und Heimweh starb.

Wenn man Tatsachen verdrehen muss, um Menschenrechts-verletzungen, Auslöschungspolitik und rassistische Gewalt unsichtbar zu machen und in Topraks Fall gar als positive Tatsachen darzustellen, dann ist auch das ein Teil der Auslöschung und rassistischen Gewalt. So macht man sich zur Mittäterin.

Ich lese Topraks Text und kann es nicht fassen. Ich lese ihn gleich zwei Mal. Und dann lese ich ihn ein drittes Mal. Und kann es immer noch nicht fassen. Ich habe so viel dazu zu sagen. Diese Kolumne reicht nicht. Es gibt noch so viel zu erzählen. Ich wüsste gar nicht, wo ich anfangen soll.

Scham, Schmerz, Wände, Wurzeln
03.10.2019, mojoreads

> *"Bir gün fazla yaşamak*
> *hatta senden*
> *Bağışla alçaklığımı bacım."*[33]
> *- Nâzım Hikmet, 29.07.1959*

Es gibt einen gewissen Schmerz, den ich nur auf Türkisch fühlen kann. Mein zwiegespaltenes Verhältnis zu dieser Sprache macht es für mich schwierig, zuzugeben, dass sie jene Sprache ist, die ich am besten sprechen und verstehen kann, in der ich am liebsten lache und weine.

Ich habe nie Kurdisch gelernt. In der Türkei der 90er Jahre, in der ich aufwuchs, wurden Menschen erschossen, weil sie Kurdisch sprachen. Meine junge, alleinerziehende Mutter hatte keinen Grund, mir Kurdisch beizubringen.

Nur, kein Kurdisch sprechen zu können, verursachte eine Lücke in meiner Identität. Und Scham, die Sprache nicht zu beherrschen, für die Menschen in dem anderen Teil des Landes starben und sterben. Ich habe mich persönlich für das Aussterben der kurdischen Sprache verantwortlich gefühlt, und dieses Gefühl wurde mir auch von vielen anderen Kurd*innen vermittelt, für die ich nur eine Assimilierte war und bin.

Als ich das erste Mal Nâzım Hikmet gelesen habe – ich weiß noch ganz genau, wann und wo das war – musste ich so sehr weinen, dass meine Tränen, schwarz gefärbt von meiner Mascara und meinem dick aufgetragenen Eyeliner, auf den Gedichtband getropft sind und schwarze Flecken auf den Seiten verursacht haben. Ich saß in einem Zug, und Nâzım schrieb viel über Züge, übers Weggehen

---

33 „Einen Tag länger zu leben / sogar als du / Verzeihe mir die Abscheulichkeit, meine Schwester." (meine Übersetzung)

und Fremdsein, über Sehnsucht, über den Schmerz, woanders sein zu wollen, es aber nicht zu können. Ich kenne dieses Gefühl schon seit ich mich erinnern kann, es begleitet mich überall, egal, wo ich bin und wie weit ich diesen gottverdammten Ort hinter mir habe, der angeblich Heimat sein soll, was ist Heimat überhaupt, wenn nicht ein Nagelbett.

> *"Sonra birden anladım ki, yıllardır,*
> *ama uzun yıllardır bu tirende yaşıyorum.*
> *—ama, bunu nasıl, neden anladığıma hâlâ şaşıyorum—*
> *ve hep aynı büyük, aynı umutlu türküyü söyleyerek*
> *sevdiğim şehirlerle sevdiğim kadınlardan boyuna uzaklaşıyorum*
> *ve hasretlerini etimin içinde işleyen bir yara gibi taşıyorum*
> *ve bir yerlere yaklaşıyorum, bir yerlere yaklaşıyorum."*[34]
> - Nâzım Hikmet, 1960

Türkisch ist die Kolonialsprache auf kurdischem Boden. Das Kurdischverbot in kurdischen Schulen ist Teil der Auslöschungs-politik der Türkischen Republik. Zuerst eine Sprache in Bildungs-instituten verbieten, damit sie sich nicht weiter entwickeln kann, und dann die Rückständigkeit jener Sprache als Ausrede für ein Bildungsverbot auf Kurdisch zu nutzen – so funktioniert das.

Die Muttersprache auf eine Formsache zu reduzieren, und zwar darauf, dass die erste Sprache, die eine Person lernt, automatisch die Muttersprache wäre, macht die Leiden der Menschen und Völker, die um das Recht auf eine eigene Sprache kämpfen, unsichtbar. Türkisch ist zwar die erste Sprache, die ich gelernt habe, sie ist aber nicht meine Muttersprache. Türkisch ist die Sprache, die ich lernen musste, um zu überleben. Weil es für mich gefährlich gewesen wäre, meine Muttersprache, die Sprache meiner Mutter, Kurdisch, zu sprechen.

Ich wohne seit 2009 in Deutschland und ungefähr seitdem ist

---

34 „Und ich begriff plötzlich, dass ich seit Jahren, seit langen Jahren in diesem Zug lebe. / – aber wie und warum ich das begreife, das wundert mich – / und immer dasselbe große, hoffnungsvolle Lied singend / entferne ich mich ständig von Städten und Frauen, die ich liebe / und trage die Sehnsucht tief in meiner Haut wie eine Narbe / und ich nähere mich irgendetwas, nähere mich irgendetwas." (meine Überset-zung)

Türkisch zu meiner passiven Sprache geworden, weil ich es nicht mehr jeden Tag verwende. Je nachdem in welcher deutschen Stadt man wohnt, ist es leicht oder schwierig, Bücher auf Türkisch zu finden. Als ich in Köln wohnte, konnte ich in einem Laden, der einem Lager glich, Bücher auf Türkisch kaufen. Die Auswahl war aber ziemlich begrenzt. Einst habe ich dort ein Buch der türkischen Autorin Ece Temelkuran kaufen wollen, und als ich danach fragte ("Ece Temelkuran'ın kitapları var mı?"), sagte der Verkäufer: „Die Korans stehen dort drüben." ("Kuranlar şurada.") Der Verkäufer kannte die Autorin nicht, und weil das Wort „Kuran" in ihrem Nachnamen vorkommt, dachte er, dass ich einen Koran kaufen möchte.

Seitdem bestelle ich Bücher auf Türkisch nur noch online. Je nachdem kann die Lieferung Monate in Anspruch nehmen. So kam ein Buch der Feministin Şirin Tekeli bei mir erst nach deren Tod an, obwohl sie noch gelebt hatte, als ich das Buch bestellte. Mich an Büchern festzuhalten, um nicht zu vergessen, wo ich herkomme, ist also keine leichte Sache.

Vor ein paar Wochen habe ich einer meiner besten Freundinnen in der Türkei eine Sprachnachricht geschickt. Sie antwortete darauf auch mit einer Sprachnachricht, in der sie unter anderem sagte, dass ich inzwischen einen Akzent hätte.

Obwohl ich ein kompliziertes Verhältnis zu Türkisch habe, hat mich ihre Feststellung hart getroffen. Ich weiß nämlich von einigen meiner Verwandten, wie es ist, wenn eine Person keine Sprache der Welt wirklich beherrscht, was das mit der Gedankenwelt eines Menschen machen kann. Und in welcher Sprache soll ich mich, meine Persönlichkeit, zum Ausdruck bringen, wenn ich Türkisch langsam verlerne und Deutsch erst seit zehn Jahren spreche. Wer bin ich dann. Wo liegen meine Wurzeln. Gibt es sie überhaupt.

In meinen ersten Jahren in Deutschland fiel es mir schwer, Freund*innenschaften zu knüpfen. Ich hatte immer das Gefühl, dass mich mein Gegenüber nicht wirklich kennenlernen würde, solange meine Gedanken Gedanken bleiben mussten, weil ich sie nicht sprachlich ausdrücken konnte. Ich habe viel auf Deutsch gelesen, um meine Sprachkenntnisse zu verbessern, war aber dabei die ganze Zeit total frustriert, weil ich mir die beschriebenen Räume und Situationen kaum vorstellen konnte. Als Kellnerin zu arbeiten, hat meine Deutschkenntnisse viel weitergebracht, als jedes Buch, das ich gelesen habe.

Das Problem, das „Sprachbarriere" heißt, habe ich selbst innerhalb meiner Familie. Zwischen meinen Großeltern und mir ist immer eine gewisse Grenze, eine unsichtbare Wand, wenn wir miteinander reden: Manchmal fangen sie an, mit mir einfach auf Kurdisch zu sprechen, sie merken es nicht einmal, sie erzählen und erzählen einfach weiter und ich verstehe sie nicht, und sie verstehen mich nicht ganz, wenn ich Türkisch oder Deutsch mit ihnen rede, weil sie weder das eine noch das andere so gut beherrschen wie Kurdisch. Ich weiß bis heute nicht, ob mich meine Großeltern wirklich kennen, ob sie wirklich wissen, was für eine Person ich bin.

Ein Buch in der Hand zu halten, von dem man weiß, wo man zuhause ist, hilft. Ich habe keine Wurzeln, die durfte ich nicht haben, ich bin nirgends zuhause, nirgends habe ich eine Heimat. Außer wenn mich ein Gedicht zum Weinen bringt.

DAS MAGAZIN FÜR POPKULTUR, POLITIK UND FEMINISMUS

Das Magazin für Pop, Politik und Feminismus

MISSY MAGAZINE

#03/20

NOTGEIL
SEX IN
ISOLATION

KAROSH TAHA
EHRT DIE
SCHLAMPE

BLACKFISHING
SCHWARZ
FÜR LIKES

REPORTAGE
TRANS
IM KNAST

PILLEPALLE?
CYTOTEC
IM KREISSSAAL

Unser Netz!
14 Seiten
über das
feministische
Internet

YAEJI
TRACKS GEGEN EINSAMKEIT

6 HEFTE
30 EURO

JETZT MISSY MIT EINEM ABO UNTERSTÜTZEN

Broschur | 224 Seiten | ISBN 978-3-96042-050-7

„Der Gedichtband zeigt gesellschaftliche Verhältnisse wie Rassismus, Antisemitismus und Diskriminierung an individuellen, kollektiven und historischen Lebensrealitäten auf. „**HAYMATLOS**" bringt diverse Autor*innen zusammen, die gesellschaftskritische, emanzipatorische, oft nicht repräsentierte Perspektiven artikulieren." Amadeu Antonio Stiftung – anlässlich der Verleihung des **Amadeu Antonio Preis 2019** (26.11.2019)

Paperback | 96 Seiten | ISBN 978-3-96042-096-5

The unique and intimate letters in this book are a declaration of unapologetic love from Queer Black writers that have taken up a movement with the intentional purpose of supporting and uplifting the identities, bodies, and shared understandings of our Queer Black community across the diaspora. This book is a declaration of love, light, friendship, and community that reminds us we are valid; that our stories matter; and most importantly, we are here to stay as we continue to slay our way into the future our ancestors dreamed of.

Taschenbuch | ca. 240 Seiten | ISBN 978-3-96042-095-8

Sie arbeitete als technische Bauzeichnerin, Schriftstellerin und
Dolmetscherin und schrieb über 350 Gedichte und einige Satiren.
1982 verbrannte sich Semra Ertan in Hamburg, um ein Zeichen
gegen den Rassismus in Deutschland zu setzen. Viele Gedichte
drücken die Trauer aus, die die Dichterin in ihren Jahren in
Deutschland begleitet, aber auch ihre Wut über gesellschaftliche
Ungerechtigkeiten und ihren Mut sich diesen entgegenzustellen.
Und ebenso die Liebe, die sie in sich trägt